U0756180

筑桥者

无障碍环境建设法大讲堂

张万洪 ◎ 主编

赵金曦 ◎ 整理

华中科技大学出版社
http://press.hust.edu.cn
中国·武汉

图书在版编目（CIP）数据

筑桥者：无障碍环境建设法大讲堂 / 张万洪主编. -- 武汉：华中科技大学出版社，2025. 6. -- ISBN 978-7-5772-1539-6

Ⅰ. D922.182.3

中国国家版本馆 CIP 数据核字第 2025A920X6 号

筑桥者：无障碍环境建设法大讲堂 　　　　　　　张万洪　主编
Zhuqiaozhe：Wuzhang'ai Huanjing Jianshefa Dajiangtang

策划编辑：郭善珊　田兆麟

责任编辑：田兆麟

封面设计：伊　宁

版式设计：赵慧萍

责任校对：阮　敏

责任监印：朱　玢

出版发行：华中科技大学出版社（中国·武汉）　　电话：（027）81321913
　　　　　武汉市东湖新技术开发区华工科技园　　邮编：430223

录　　排：华中科技大学出版社美编室

插　　图：赵雨陌　　指导老师：文雅琴

印　　刷：武汉科源印刷设计有限公司

开　　本：710mm×1000mm　1/16

印　　张：17.75　　插页：8

字　　数：162 千字

版　　次：2025 年 6 月第 1 版第 1 次印刷

定　　价：75.00 元

致我永远的爱人

万洪与（无）障碍环境相交已久。

他幼年时手遭受了电击伤，成为残障社群的一员。我于七年前认识他，后来成为他的恋人、妻子，在相伴的日子中，我其实几乎意识不到他是残障者，需要无障碍支持。比如，作为老师，我们常年用电脑，他处理文档、发信息、发邮件，都溜得很，比我好太多。出差曾是我们工作中的重要部分，和他一起出差，从订票、订酒店、收拾行李，到上下地铁、火车、飞机，他都信手拈来，几乎不需要任何协助。但实际上，他形同健常人的状态，是因为他更早地拥有了尽可能有效地运用有限的无障碍设施的意识、行动和经验。

在武汉的日子里，我尽量煮饭，让他可以不再天天依赖食堂。因为他几乎不煮饭，或者说，煮饭就只能煮面条和稀饭，手的缘故让他无法用刀来处理食材，尤其是精细的切丝等。记得我第一次看到他的厨房时，可以用"震惊"来形容——一个几乎不做饭的人，却拥有着各种各样的炊具！他告诉我，平时逛超市，他最喜欢在卖炊具和生活用品的地方流连。他说："当前，只要你能想到的便利生活的东西，商家都给你提供了，要学会利用这些便利物件。"的确是，他买桶装水，扭开盖子比较费力，就买了专门开盖子的器具；他读书长时间举着书难受，就买了翻书支架；他拖着行李出入机场、火车站等，从来都是使用升降电梯；他提醒我给母亲订机票时要同时给老人申请轮椅服务……

当然，在使用无障碍设施的同时，他也一直观察、关注着无障碍环境的供需紧张，思考无障碍环境建设的痛点和难点。我俩都有在国外访学的经历，常常分享彼此的观感和认知。2009年我在剑桥大学时，在校园里看到不少学生和工作人员是轮椅使用者，而他2012年在哥伦比亚大学时也有同感。但国内无论是西南政法大学还是武汉大学，情况却不同，校园中几乎看不到残障者。我们感慨这是发达国家的无障碍校园做得好，残障学生和工作者有更多机会享受融合教育和环境。我们曾一起到日本福冈参观针对老龄化社会的介护用品、介护产业和介护设施展览，印象非常深刻：为行动不便的老年人洗澡提供的浴室装置，为残障老人出行提供的各种辅具支持和特殊交通工具支持，为视障者提供的无障碍电子产品，各种供给琳琅满目。当时只是参观，并没有特别直接的体验，但有一点是非常明确的，在这方面，我们要走的路还很长。今年5月份他病情发展持续住院，可以说亲身体验了障碍无处不在的无奈。每次去做检查，因为他的体力问题，我们需要推轮椅。虽然医院可以扫码借用轮椅，但这些轮椅或者刹车有问题，或者推起来轱辘不走正道，体验感很差。5月的武汉已经很热，即使是单间病房，洗澡也是不便的。有的单间没有手持花洒，他身体上有输液港不可沾水，没有手持花洒就非常难。终于换到有花洒的单间，洗澡暂时无虞，但马桶又被放置在一个很窄小的空间。一边需要搀扶他，一边需要手提输液袋，这种情况让我几乎无法帮助他顺利使用洗手间。然而，正如大家知道的，早在2012年国务院就通过了《无障碍环境建设条例》，对建筑物内部的无障碍建设提出具体明确的要求。十几年了，制度和现实之间的鸿沟依然巨大。

很久之前的一件小事，反映了万洪在"现实鸿沟"这个问题上的深刻见解。某一天我跟他讲起在剑桥大学法律系时，有一位轮椅使用者每天到办公室上班，需要从轮椅上挪到办公椅上，每次操作都很艰难。我多次想上前帮忙，但碍于不熟悉，始终没有行动。他听完我的话，当时对我说："你的不行动是对的，对于障碍者来说，他们求助时才是你行动的起点，不要用同情或关爱这种隐藏了不平等的意识来支配你的行动。"他敏锐地把握到无障碍环境绝非仅仅是物理层面可见的障碍移除，这种潜藏在人的深层心理和文化结构层面的某种不平等或歧视性的心理无意识，才是最要命的东西。正是在他的提示下，后来我把无障碍环境解读为硬环境障碍、信息障碍和软环境障碍三层结构，撰文并发表于於兴中老师主编的《钱塘法律评论》第一卷上。某种程度上，万洪是我关注无障碍议题的领路人！

万洪研究无障碍环境建设比我的视野更开放，路径更多元，绝非单纯停留在理论研究这一个面向上。他受联合国残疾人权利问题特别报告员杰拉德·奎因（Gerard Quinn）的影响，坚持"金三角"结构原则，努力整合多方力量推进无障碍环境建设。所谓"金三角"结构，是指政府、学者和社群三种力量，分别据守三个点，只有实现这三种力量的通力合作，残疾人权益才可能有稳定的状态，才可能真正有所保障。他始终致力于促进"金三角"内部三种角色之间交流与合作，也是一个筑桥者！他曾两次当选为湖北省残疾人联合会的兼职副理事长，也是中国残疾人事业发展研究会的副会长，同时作为国家人权教育与培训基地武汉大学人权研究院的负责人，这些身份，让他有更多机会接触政府层面的公共政策和法律的讨论和出台。他一直努力促进政府的决策者们能更走近学术圈和社群，给社群提供更多与学术圈和政府平等对话的机会，尽量缩小三者之间自说自话的隔膜。无论是他筹办的无障碍大讲堂还是围绕残障人权益保障的各种理论研讨会、工作坊等，他都力主并落实让更多的政府官员或工作人员及社群代表参与。这样，学术界相对前沿的研究成果、理念和意识可以及时达至决策者和利益攸关者的社群；同时，社群的参与会为决策提供最直接、最准确的诉求和评价，"没有我们的参与，就不要做关于我们的决定"，这样的理念已经基本成为包括无障碍环境建设在内的整个残障者权益保障的政府共识，而观念层面的共识从来都是制度及制度实践效果获得保障的最深厚思想基础。

但万洪本质上仍是一个研究者，一个教育者。他多次跟我说，教育是一片树叶摇动另一片树叶，久久为功，终会形成稳定的投身残障权益事业的研究队伍。他培养硕士生、博士生，把残障者权益保障作为最重要的研究方向，多年来从融合就业、残障司法正义、无障碍建设等多个角度入手，指导了多篇学位论文。博士研究生闵蕾，从入校就被他派去不同的城市做心智障碍家长组织的调研，在积累了一定的一手调研资料后，又送她到埃默里大学师从当代脆弱性理论的集大成者法曼教授，让她去掌握最前沿的理论分析工具。硕士研究生王德寿打算研究残障者辅具开发的知识产权保护问题，他就让学生到北京去参加辅具展览和各种论坛。他这几年倾力在"工商业与人权"这个新的研究领域，心心念念该领域的"尊重人权、保障人权和救济人权"三支柱何以在残障者权益保障上有所作为。他的博士生马闯在论文后记中曾这样写道："张老师培养博士生有一整套的规划，其培养理念在中国领先太多。"我深以为然。虽然我也是导师，但我真诚地认为他这方面比我做得更有规划，更深谋远虑。同时，他的讲台从来不局限于学校。他认为教育是无处不在的、倡导也是无处不在的。他一直紧密联系社群，与许多残障社会组织建立联系，与社群的许多小伙伴成为好友。在与解岩、蔡聪、孙涛、鸢娇、玉娇等每一个人的交往中，他不断汲取不一样的问题意识和营养，并及时把这些想法转化成要研究的问题，再以多种方式把研究成果输出来。他的这种相对成熟的教育模式，即使因他英年早逝没能继续下去，但已影响了许多人，一个充满活力和创造力的小分队已然存在。而我，也应算这个小分队的成员！

在进入 ICU 之前那晚，他叫来学生丁鹏和刘远，用了 40 多分钟，交代那些待完成的学术工作。学生离去后，他跟我说："我累了，想睡一会儿。"在一起的日子里，他极少说自己累了，始终以旺盛的生命力和忘我的热情扎进他喜爱的事业中。梁晓声在《人世间》中塑造了一种"2－1＜1"的爱情模式，大概的意思是两个人彼此可以使对方更加热爱生活，在一起就特别有力量，但分开了，各自原先的精神能量反而弱了，因为彼此的过分依恋反而消耗了部分自我。过去的七年，我和他相互支持，并肩走过那些充实而丰盈的岁月。失去他，每一天都撕心裂肺，觉得自己再也无法回到认识他以前那样的独立、无所畏惧的状态——我的心境也进入了一种障碍状态。

"我本可以忍受黑暗，如果我不曾见过太阳。"万洪像是个小太阳，总能温暖他身边的每个人。他与（无）障碍的相交看似随其生命的戛然而止而停下了，但作为他的队友，他所给予我的影响或塑造，或深或浅，皆弥足珍贵、经久不息。我曾在微信上给他留言："我们要做理性且至情至性的人。"他回复我："我们要做终身伴侣和追寻内心丰盈安宁、社会正义路上的战友。"在某种意义上，无障碍环境是美好世界的一种理想，我们不断努力也只是在接近这个理想却永无达致。对于一个人的成长而言，人生也始终有着不懈认识障碍、超越障碍而持续奋争的那一面。现在，虽然我的心上有了一个裂隙，但这正好是他的光可以照进来的地方。我会与他继续同行，继续去追寻无障碍的、自由、美好的未来。

赵树坤

2024 年 8 月 31 日于重庆

以无障碍为抓手，
为残疾人提供更强有力的法律保障

张万洪

党的十九大报告指出，必须始终把人民利益摆在至高无上的地位，让改革发展成果更多更公平惠及全体人民，朝着实现全体人民共同富裕不断迈进。习近平总书记指出，"残疾人是一个特殊困难的群体，需要格外关心、格外关注"。截至2021年，我国有8500多万残疾人，涉及2.6亿家庭人口，残疾人权益保障工作，事关群众切身利益，事关社会和谐稳定。发展残疾人事业，让改革发展成果惠及残疾人，引领残疾人创造美好生活，是我们党奋斗目标的有机组成部分。随着社会的迅速发展，让残疾人这一特定群体真正平等地参与到社会运转中，实现自身价值，过上独立且有尊严的生活，要为残疾人权益提供有效的法治保障，包括立法、执法和司法三个层面。

习近平总书记 2020 年 9 月在湖南考察时指出，"无障碍设施建设问题，是一个国家和社会文明的标志，我们要高度重视"。中国全面建成小康社会，标志着我国正式迈入全面建设社会主义现代化国家的新发展阶段，踏上开启第二个百年奋斗目标的新征程。这个新征程意味着所有人在社会中的平等参与、充分融合和全面发展。对于残疾人而言，无障碍环境是其走出家门、融入社会的基本条件，也是便利老年人乃至社会全体成员生活的重要措施，是完善公共服务和城市功能不可或缺基本元素。

一、法律和政策中的无障碍环境建设

在确保残疾人平等实现各项权利的法治体系中，贯穿于经济、政治、社会领域的一条独特主线，是无障碍原则。我国已经形成以《中华人民共和国残疾人保障法》（以下简称《残疾人保障法》）和《无障碍环境建设条例》（以下简称《条例》）为核心、以无障碍环境建设地方实施办法和相关国家标准为重要内容、以具体领域的专门规定为补充的无障碍法律规范体系。从 1988 年国家制定方便残疾人使用的城市道路和建筑物设计规范开始，截至 2021 年 10 月底，有 8 部法律、4 部行政法规、7 部部委规章、16 部现行生效的国家标准和 7 部国家政策直接规定了无障碍建设相关内容。

我国无障碍建设与历年来的残疾人事业五年规划密切联系在一起。在 1988 年《中国残疾人事业五年工作纲要（1988—1992）》中仅要求对"新建的城市道路和公共建筑设施"实行方便残疾人的设计规范，对"省会和特大城市的主要道路、公共设施、公共建筑"加以改造；"八五"计划增加了文化体育活动及场所无障碍的内容；"九五"提出"将执行方便残疾人使用的城市道路和建筑物设计规范纳入基本建设审批内容"，并要求"广泛宣传、逐步推广无障碍设施"；"十五"将无障碍建设列为 16 条任务之一，并且增加了信息无障碍的内容；"十一五"在维权和信息化建设这两大任务中都强调了无障碍，提出在全国 100 个城市开展无障碍设施建设；"十二五"再次单独将无障碍建设列为 16 条主要任务之一，提出制定无障碍条例的法治化要求，并将无障碍建设创建工作向县区推开；"十三五"进一步提出推进"物联网和移动互联网信息无障碍服务"，无障碍环境创建工作延伸到村镇。在近期发布的《无障碍环境建设"十四五"实施方案》中，更是进一步明确，到 2025 年，无障碍环境建设法律保障机制更加健全，无障碍基本公共服务体系更加完备，信息无障碍服务深度应用，无障碍人文环境不断优化，城乡无障碍设施的系统性、完整性和包容性水平明显提升，支持 110 万户困难重度残疾人家庭进行无障碍改造，加快形成设施齐备、功能完善、信息通畅、体验舒适的无障碍环境，方便残疾人、老年人生产生活，为 2035 年实现安全便捷、健康舒适、多元包容的无障碍环境奠定基础。

这些无障碍相关的法律和政策，已经为促进残疾人平等参与社会生活提供了重要支撑。在"十四五"期间，研究者和决策者需要充分把握社会重点领域立法对于残疾人和其他有类似需求的群体的重大意义，继续完善无障碍相关法律和政策体系。为此，首先需要提升无障碍立法体系的效力层级，明确相关权利的主体、内容和救济制度。其次，需要促进无障碍专门立法，完善公共卫生危机管理机制，回应残疾人和其他群体的无障碍需求；真正做到以人民为中心和生命至上，依法充分保护特定群体的各项基本权利。最后，需要完善无障碍法律体系的实施机制，以制度化形式协调多部门的职责，确保残疾人及其组织的参与，提升公共投入，以有效补齐我国无障碍建设的短板。

二、推进无障碍环境权保障的原则

在我国的相关实践中，对各类特定群体权益既注重平等保障，又强调特殊保护，建立了常态和非常态相结合的特定群体权益保障机制。在无障碍环境权保障上，要贯彻以下原则。

第一，智慧推进。在无障碍建设领域，智慧推进主要体现在提供无障碍设施设备和服务中的智慧方案。例如在公共服务信息无障碍方面，"行动计划"特别指出，要为残疾人、老年人等网上获取政务信息、办理服务事项、享有公共服务提供便利。此外，提供适老智慧服务，智能辅助器具的研发生产及其社区适配和维护服务，也与残疾人权利息息相关。"行动计划"以全面推进无障碍环境建设作为兜底，鼓励更多无障碍设施设备和服务的数字化、智能化升级。在司法领域，推进智慧诉讼服务建设，有助于残疾人、老年人平等获得司法保护。

第二，协调推进。残疾人与妇女、儿童、老年人等不同议题的交叉，增加了残疾妇女、儿童、老年人等群体共享无障碍建设成果的难度。突发性公共卫生事件让人们更重视残疾人与老年人的交叉议题：比如机构化背景下，隔离对残疾人、老年人都造成了更严重的影响。贯彻协调推进原则，对于保障特定群体各项权利全面协调发展意义重大。比如为老年人家庭进行适老化改造，为老年人交通出行提供便利，也是对残疾老年人这个交叉身份人群的关注和保障举措。

第三，合力推进。特定群体权利保障面临的重难点问题，比如无障碍，尤其需要合力推进原则寻求有效解决方案。残疾人享有无障碍权益，涉及信息交流、物理设施、建筑设计、小区环境、教育就业场所、司法保护领域和其他公共空间的无障碍等诸多层面。只有建立完善的无障碍建设实施机制，才能在各级政府中有效协调这些公共部门的职能，合力推进解决这些问题，发挥无障碍建设的效能，确保无障碍建设效果。有关合力推进的一个成功例子是，在中国残疾人联合会成立 30 周年之际，为切实保障残疾人合法权益，方便残疾人参加诉讼活动，最高人民法院与中国残疾人联合会会签了《关于在审判执行工作中切实维护残疾人合法权益的意见》。

三、无障碍环境权的司法保障

一般认为，现行《条例》偏重原则规定而可操作性较弱，其规定中多处使用"应当逐步""应当创造条件"等表述，在社区建设、设施配套、设计验收等环节缺乏有效规定，尚未真正打通无障碍建设的"最后一公里"。同时，《条例》也未赋予残疾人和其他存在无障碍环境需求的主体以民事权利，相应法律责任多为行政责任，残疾人通常无法对义务主体直接提起诉讼，难以获得关于无障碍权利的有效司法救济。针对这些问题，制定"无障碍环境建设法"的呼声渐高，各界人士期望用立法破解无障碍环境建设困境。但在此之前，人民法院在保障无障碍环境权上大有作为，主要体现在以下三个方面。

首先，重视公共法律服务中的无障碍建设。2019年7月，中共中央办公厅、国务院办公厅印发《关于加快推进公共法律服务体系建设的意见》，要求将残疾人等特定群体作为重点对象，提出保障残疾人基本公共法律服务权益的举措，推进公共法律服务场所无障碍环境建设。2021年通过的《中华人民共和国法律援助法》第四十五条明确要求，法律援助机构为老年人、残疾人提供法律援助服务的，应当根据实际情况提供无障碍设施设备和服务。基于此，人民法院也可以加强与残联维权部门和司法行政部门的相关合作，确保司法全过程的无障碍和平等。

其次，完善无障碍环境权的救济机制。这一举措意在保障残疾人对无障碍设施需求和使用的救济权利，即残疾人无障碍环境权益实现受阻，或在使用无障碍设施过程中受到伤害时，应能依法寻求有效救济。在最高人民检察院的推动下，无障碍公益诉讼在全国范围内发挥了深远影响。例如，2020年浙江全省检察机关共办理无障碍环境建设检察公益诉讼案件 178 件，制发检察建议 169 份，有力地推动了高铁站、客运码头、廊道、电梯、停车位、图书馆等重点场所和区域的无障碍环境建设。2021 年 5 月 14 日，最高人民检察院会同中国残疾人联合会共同举办"有爱无碍，检察公益诉讼助推无障碍环境建设"新闻发布会，发布了无障碍环境建设检察公益诉讼典型案例，并且提到，这些案件的办成同样得到了人民法院的大力支持。

最后，结合司法改革大局，应该鼓励司法便民、司法为民服务的进一步创新。这方面的创新探索包括但不限于设立无障碍法庭，不只包括物理设施的完善，譬如无障碍通道、卫生间、标志牌、拐杖、轮椅、扶手、读屏、助视、助听设备等，还包括更加细化的工作守则乃至诉讼规则的完善。突发性公共卫生事件出现时，一些地方法院采取网上开庭的创新诉讼形式，但其中也遇到了诸如视障者无法通过面部识别登录认证、无法在线阅读证据图片、不方便签名确认笔录等现实问题。解决这类问题既需要新技术，也需要切身为残疾人提供便利，调整相关庭审工作及诉讼参与程序与规则。实现残疾人平等获得司法保护，不仅需要更加专业且人性化的庭审工作制度，还涉及更深层的诉讼规则的完善。

总之，人民法院应推动司法全过程的无障碍与合理便利。2021 年 6 月最高人民法院发布《人民法院在线诉讼规则》（法释〔2021〕12 号），要求优化在线诉讼服务，完善诉讼平台功能，加强信息技术应用，降低当事人诉讼成本，提升纠纷解决效率。统筹兼顾不同群体司法需求，对残疾人士等特殊群体加强诉讼引导，提供相应司法便利。我们相信，在人民法院的参与和推动下，无障碍环境会越来越完善，社会的发展也会更加包容、多元和可持续。因此，不论是进入诉讼前的普法、法律援助、司法宣传，还是诉讼中的立案、审查起诉、审理、证人或受害人出庭以及判决，延伸到诉讼后的执行环节，应全流程确保物理、信息方面的无障碍和残疾人的平等参与。

来源：人民法院报，2021 年 11 月 11 日，有改动

目录

第一讲

我国的无障碍法治建设与发展

（2022 年 11 月 2 日）

主讲人：黎建飞

与谈人：丁　鹏

主持人：张万洪

张万洪（主持人）：

大家晚上好！无障碍环境建设系列会议今晚揭幕，我是武汉大学法学院、人权研究院的张万洪，我在湖北武汉向大家问好！我戴眼镜、圆脸、微胖——这点可能大家不太同意，穿浅蓝色衬衫。今晚的讲座有手语翻译和实时听打字幕，讲座时间预计是从北京时间 19：30 到 21：30。

我们知道，近期《中华人民共和国无障碍环境建设法》（以下简称《无障碍环境建设法》）的草案已起草完毕，6 天前，也就是 2022 年 10 月 27 日，该草案提请十三届全国人大常委会第三十七次会议初次审议，这是我国首次就无障碍环境建设制定专门性法律，在此之前，它是以一个条例的形式规定的。我手上拿到的就是这部法律的草案，前两天我们也做了仔细的阅读，提供了一些修订意见。无障碍环境建设是残障人、老年人等群体权益保障的重要内容，对于促进社会融合和人的全面发展具有重要价值。制定《无障碍环境建设法》，是坚持以人为本、尊重和保障人权的重要体现，是实施积极应对人口老龄化国家战略的必然要求，是切实提高无障碍环境建设质量的有力保障。在此背景下，作为国家人权教育与培训基地的武汉大学人权研究院和残疾人事业发展研究会权益保障专业委员会，启动了无障碍环境建设系列讲座。本次活动得到武汉大学党委宣传部、武汉大学人文社会科学研究院、武汉大学法学院党委的支持和指导，得到残疾人事业发展研究会的领导，以及权益保障专委会各位同仁的襄助，在此谨表谢意。

我们特别邀请一位重量级的人物，在讲座的最开始，给我们讲几句"感言"，他本人坚持要求说不是"致辞"，而是"感言"。他就是第十四届全国人大常委会委员、全国人大社会建设委员会委员以及中国残联副主席——吕世明先生，有请吕副主席。

吕世明（嘉宾）：

刚刚主持人的一番热情洋溢的引导，把我们的情绪都拉高了。我的心情和万洪教授、在座的嘉宾以及线上线下的朋友们是一样的。期盼已久的党的二十大刚刚闭幕，全国人大常委会在立法、修法任务非常繁重的时刻，将《无障碍环境建设法》纳入了第三十七次会议，进行了一审审议。这部法的历史意义、时代价值和前瞻性，都是无与伦比的。在全国人大常委会审议中，大家发言踊跃，一致赞同，都提出要进一步把这部法制定得更加充实、更加完善、更加接地气、更加务实、更加科学、更加前瞻。全国人大常委会在 10 月 30 日刚刚闭幕，31 日就把这部法的消息第一时间向社会公开，并公开征集社会意见。这说明其原则、指导思想、实质内容，以及程序，都得到了认同。另外，这部法在"一府两院"的 30 多个部门征求意见，仅用一个月的时间，就在所有部门都提出了宝贵意见的基础上达成了一种共识，那就是一致赞同为无障碍环境建设立法，一致同意将该草案提交全国人大常委会会议一审。再一点，按照立法的程序，要征询 31 个省级人大常委会社会建设委员会的意见，该程序也得到了及时有效的回应。来自各级有关组织和部门、社会组织的人士和社会各方群体，对该法提出了建议、感言、修改意见。现在公开向社会征集意见，我本人预计，这部法律会得到全社会的高度关注、高度认同，并且能够更好地被制定出来。

首先，我想谈谈感言。确确实实，从《无障碍环境建设法》建议议案的提出，到现在也才不到三年的时间，能够及时将该法列入全国人大常委会立法日程，彰显出了以习近平同志为核心的党中央对无障碍环境建设的高度重视。

然后，我简单和大家谈点共识。这 10 年，中国无障碍环境建设取得了显著的成效，展现了美好的愿景。但是，我们应该看到我们的国情、社情基础，以及现有的规章制度、规范标准，在实施操作当中还有不尽如人意的地方。所以《无障碍环境建设条例》（2012 年 6 月 28 日中华人民共和国国务院令第 622 号公布，自 2012 年 8 月 1 日起施行）上升到无障碍环境建设立法，也真正地体现出中国特色社会主义法治体系更加完善。《无障碍环境建设条例》恰恰是 10 年前发布的，这 10 年伴随着我们国家经济和社会的发展，它在无障碍环境建设领域功不可没。它的完善过程展现了满足人民群众对美好生活的向往、满足所有群体对无障碍环境的需要的重要性。因此，如果说《无障碍环境建设条例》解决的是"有没有"的问题，那么现在党的二十大报告当中提出的"高质量""中国式现代化""提高人民生活品质"，就是要解决"好不好""优不优"的问题。这步伐已经远远地超出了原来满足残疾人、老年人等特定需求群体要求的范围，上升到促进社会全体成员平等、共享美好生活的层面，也就是说为每一个人都提供安全、便捷、实用和舒适的生活环境。这种环境对于我们残疾人和老年人群体而言，是时刻需要的。这既满足了社会大众，又特惠于特殊需求人群，所以我认为这是一个与时俱进的理论创新和历史飞跃。对《无障碍环境建设法》的制定，现在还在初始阶段，需要通过实践，汲取大家的智慧，使其更加完善。当然我们也不可能苛求一部法能囊括，而是要结合中国特色，结合我们的实际需要，兼顾长远的未来。

《无障碍环境建设法》中有很多的理论提升、文化根基和社会实践。换句话说，有传统的、好用的，要传承下来、固化下来，但也有一些问题，急需当下提出来为以后可能的修法奠定基础。《无障碍环境建设法》的草案有许多有新意的内容，克服了原来质量不高、规范缺失、强制力弱等问题，使得这部法强有力、有实效性。在草案中，仅仅"强制性标准"这5个字就被反复提到了12次。保障这部法高质量、高品质、高效能实施的措施有很多，例如检察公益诉讼、强制性标准、认证测评、第三方评估等。

再一点，既然是感言，那还是要真真切切地感谢大家，在这里我不能面面俱到了。首先感谢万洪先生主导这次大讲堂，很好地契合了学习贯彻党的二十大精神，不仅有利于公开征集意见，也是社会宣传的一个很好的举动，不管是在业内还是在业外，都得到了很好的反响。而我们黎教授是"双料冠军"，在《无障碍环境建设条例》起草上，他肯定自信，但同时他也要努力创新。同时，我们也感谢这次叶静漪副书记领衔北大杨立雄教授以及一系列专家到场参会分享，为无障碍环境建设立法做理论支撑。

最后，我衷心期盼大讲堂能长久地办下去，希望《无障碍环境建设法》能够在明年某一个时刻颁布。现在北京正在搭建一处"国家无障碍环境展示馆"，这个展示馆就是例证，我盛邀各位大咖、专家，特别是万洪先生，帮我提前宣传。无论是今天的讲座，还是未来的讲堂，以及以后的无障碍推进，都有社会组织、特定群体在一起积极地奋斗，使无障碍环境成为人人有责、人人尽责、人人分享的宏大事业。希望在党的二十大精神的指引下，在无障碍立法的期盼下，无障碍环境会越来越好，谢谢大家。

张万洪（主持人）：

刚才吕主席的讲话高屋建瓴、思想深刻，虽然时间短，但是内容非常丰富，他讲了无障碍环境建设的历史脉络、文化渊源、实际利益，给了我很多启发。吕主席本身是无障碍环境建设的实践者、推动者，同时也是受益者。我读过他的一个访谈，是在 20 世纪 80 年代，那时候他被人抬着去登长城。后来中国残联刚成立，就把无障碍环境建设的立法提到非常重要的高度，1989 年的《方便残疾人使用的城市道路和建筑物设计规范》（JGJ 50—88），就奠定了一个立法的开端。之后，就是把它从一个条例"有没有"变成一个法律"好不好"的过程。下面有请第一讲的主讲嘉宾，来自中国人民大学的黎建飞教授。今天他的讲座主题是"我国的无障碍法治建设与发展"。黎建飞老师是中国人民大学法学院的教授、博士生导师，长期以来在残疾人研究领域笔耕不辍。今天他将对这个他研究了很久的话题展开梳理，有请黎老师。

黎建飞（主讲人）：

张老师主导的这个讲堂正逢其时。刚才吕主席的致辞给了我很多温暖和鼓励。我觉得《无障碍环境建设法》能够在这么短的时间内出现，离不开所有相关人员的支持。我对这部法有三个感想：第一，这是我所经历的立法速度最快的一部法律；第二，这是我所知道的亮点最多的法；

第三，这是跟我本人联系最紧的一部法律。这两三年我说得最多的一句话是"我在为我自己立法"。我曾经在央视讲过一次，一个人可以不结婚，但不能不劳动，就是说你不能离开《中华人民共和国劳动法》。《无障碍环境建设法》也是如此，人的一生很多时候都会用到它，所以它是跟每个人联系都十分紧密的一部法律。我讲的内容主要是围绕无障碍环境和无障碍法治。

第一个问题是《无障碍环境建设法》的立法基础。我查到的最早的相关专门法规是 1998 年 4 月原建设部发出的《关于做好城市无障碍设施建设的通知》（建规〔1998〕93 号），以及 1998 年 6 月，原建设部、民政部、中国残联联合发布的《关于贯彻实施方便残疾人使用的城市道路和建筑物设计规范的若干补充规定的通知》（建标〔1998〕177 号），到现在已经二十余年了。这显示出：第一，《无障碍环境建设法》的准备时间很长，尽管该法草案以最快的速度向全社会公布，但实际上无障碍环境建设法治自身的发展过程是非常长的。第二，从其规定能够看出，早期的无障碍环境建设规范针对的更多是物理性的无障碍，而现在正在进行的法律，则将立法重点转向了信息无障碍、服务无障碍和社会服务无障碍。第三，新法在形态上完成了从部门规章到国家法律的根本性转换。

第二个问题，现在为什么要制定《无障碍环境建设法》？无障碍环境建设发展很快，《无障碍环境建设条例》（以下简称《条例》）的作用是不可忽视的。大家在北京会发现很多小区的楼都是 6 层，为什么？因为曾经原建设部规定 6 层以下不用安装电梯，总高 7 层及以上要装电梯。但由于《条例》提出要改造，所以这 10 年来，很多小区都加装了电梯。为什么我们要把它上升为法律？有四个方面的原因。第一，《条例》的位阶较低。《条例》毕竟不是法律，尤其是在司法裁判中，法院会引用法律而不是单独引用条例。第二，《条例》的立法理念落后。制定《条例》是在 10 年前，而这段时间内我国发展飞快，以前更注重物理环境的无障碍，本次立法已经开始强调信息无障碍和社会服务无障碍。第三，《条例》的部门职能色彩比较重，在起草其内容时，住房和城乡建设部起了主要作用，所以它更多反映的还是物理环境需求。显然不能满足现在的全民需求和全社会需求。第四，《条例》的执法力度不足。其表现为两个方面：其一，在司法领域，没有看到现阶段有判决引用《条例》；其二，它的执法力度和受重视程度是不够的。但这次《无障碍环境建设法》的讨论、制定和通过，会使每个人都知道它的重要性。

第三个问题，《无障碍环境建设法》的立法思路是什么？主要有以下几个方面：第一是无障碍立法对象的拓展。一提到无障碍，人们首先想到的就是残疾人，甚至只能想到残疾人。新法条文对这种误区进行了纠正。《无障碍环境建设法》的草案第一条是"为了加强无障碍环境建设，促进全体社会成员平等、充分、便捷地参与和融入社会生活，共享经济社会发展成果，根据宪法，制定本法"。将无障碍保障的对象扩大到了全体社会成员。第二是无障碍产业标准的强制化，我们常呼吁企业承担社会责任，但这应成为一个具备强制力的标准。企业在设计产品时，也须考虑不同人群的无障碍需要。第三是无障碍建设标准的完善，比如商店门口要有坡道、公共场所要建无障碍卫生间、老旧小区要进行无障碍改造等。第四是无障碍立法的术语规范，比如"残疾人""残障人"，这些在立法中要统一。

我要分享的第四个问题，原本是无障碍环境的立法构想。为什么叫构想？因为张老师通知我的时候，草案还没有公布。现在就不能叫构想了，因为大家都可以看到它的结构了。

在总则里面，草案用了十四个条文，比较全面地规定了各个主体的责任。第二章是无障碍设施建设，例如传统的公共建筑、城乡道路、交通运输设施、就业场所、公共停车场等。

第三章是一个亮点，无障碍信息交流，这一部分概括性非常强，涉及范围非常广，就是在保障老年人、残疾人等能够获得需要的信息。这里特别强调了食品、医药方面，要求提供大字、语音，因为这关系到人的身体和生命。还有网络无障碍、考试无障碍等，现在法律做了规定，残疾人参加考试，这就是行使受教育的权利，必须为他们提供方便。而且一般来说，听障、视障人书写慢，应该延长考试时间。如果让一个残障人士跟一个健全人士同一时间进行考试，在同一个房间里依然是不公平的。我们一定要追求实质性的公平，要保证每个社会成员的权利都能实现。

第四章，无障碍社会服务。我要特别说明，这是本次立法的重大贡献。将无障碍社会服务作为一个专门的章节规定出来，而且使用了十三个条文，为什么？因为在大力发展第三产业的社会环境中，服务的重要性提升了，所以服务无障碍是本次立法亮点。我们搜集了多个国家的立法，没有看到把"服务"作为单独章节规定的，本章的创举是中国对无障碍法治事业做的重大贡献。任何服务都要做到无障碍，不仅包括公共服务的无障碍，还包括家庭无障碍。家庭无障碍更多是设施无障碍，中国残联在这十年中做了很多工作，在很多地方都做了家庭无障碍。我上次去杭州调研，杭州家庭无障碍给我印象特别深，我回来后写了一篇文章，其中提到："如果你真的很孝敬爸妈，不要琢磨买花园房，这是次要的，对一个老人来说，需要的是每天能走出来，在小区里散步，或者轮椅能推出去，不要帮忙，自己就能出去，这个时候他（她）会像一个正常人一样生活。"还有很重要的一点是救助无障碍，尤其是紧急救援。现在大家知道，有事就打110，但对于有特殊需求的人来说怎么办？救援设施必须满足社会不同群体的需求。此外，我们还要关注司法无障碍，其更多体现的是对残疾人的保护，包括减轻处罚。关键是残障人士怎么维护自己的权利，能不能做到用手语表达出自己的全部意思？总之，服务在现代生活中占的比重极大，与人们日常生活的联系非常紧密。

第五章是监督保障，这是立法中倾注了大量注意力的地方。像刚才吕主席说的，是"有没有"到"好不好"的一个重要过渡，有了之后能不能落实，法律适用怎么样，都要靠监督管理最终保障。所以本次立法对执法、协调、投诉、公益诉讼等方面进行了全面的规定。

第六章是法律责任，这部法律的草案一共七十二条，法律责任占了十一条，大家可以去看一看其他的法律，法律责任条文比重一般没这么大。这次立法特别注重这一点，要求责任与前文的保障一一对应，落到实处，而且非常具体。在这一章，责任形式是全面的，刑事、民事、行政责任都有，追究责任的主管机关也是具体的。第七章的第七十一条，是对第二条的补充，"本法所称有无障碍需求的社会成员，是指因残疾、年老、年幼、生育、疾病、意外伤害、负重等原因"而有无障碍需求的人，连"负重"这一情形都提到了。

第五个问题，是《无障碍环境建设法》的地位。现在这部法正在征求意见，首先要解决它跟《中华人民共和国残疾人保障法》（以下简称《残疾人保障法》）的关系。《无障碍环境建设法》与《残疾人保障法》一样，都是我国残疾人法中的基本法律，具有同等法律效力。其次，它在残疾人法律体系当中的价值是什么？《残疾人保障法》规定了残疾人各方面的权利，比如社会保障权利、就业权利等，这些权利的实现都需要无障碍保障。例如有的单位招聘了残疾人，员工坐着轮椅来了，门就得改造加宽，办公桌也要增加弧度，吕主席总结有"二十个逢"（逢角必圆、逢坡必缓等），如果能做到这些，每个人的生活就会很从容。在残疾人保护的相关概念当中，最重要的就是"合理便利"，比如对残疾人就业，就要提供合理便利。最后，它的特征是全人群、全方位、全规范。残疾人的权利不是慈善，也不是同情，而是权利。

第六个问题，《无障碍环境建设法》的功能，可以用十六字概括。"有法可依"，不一样的法律，有不一样的认知，条例是条例的认知，而法律是法律的认知。《残疾人保障法》是社会保障领域的第一部法律，为之后出台妇女权益保障等法律打下了良好的基础。"违法必究"，《残疾人保障法》中倡导性条款比较多，法律本来是规范的，但光倡导不落实，其目的就很难实现，所以这一次立法就是要实现从倡导到责任的历史转变。另外就是"有法必依"和"执法必严"，社会认知水平通过这一次立法会变化很多。

张万洪（主持人）：

好的，谢谢黎老师。黎老师刚才给我们讲了立法需求、立法思路构想以及其他重要问题。在我们开放讨论之前，有请来自武汉大学人权研究院一位年轻的同事，"桐花万里丹山路，雏凤清于老凤声"，看看年轻的学者对于前辈的研究，有没有突破或感想。

丁鹏（与谈人）：

非常感谢黎老师，之前我研究无障碍环境建设时都要看您的文章，这一次又直接听您讲课，收获很多，我的与谈意见跟您所讲的关键点是有呼应的。

其一，因为我长期做人权研究，所以对人权视角比较重视。黎老师刚刚介绍《无障碍环境建设法》草案第七十一条，"本法所称有无障碍需求的社会人员，是指因残疾、年老、年幼、生育、疾病、意外伤害、负重等原因，致使身体功能永久或者短暂地丧失或缺乏，面临行动、感知或者表达障碍的人员及其同行的陪护人员"。我们从理论前沿回过头理解残障、残障人、残障权利，"人权就是人之为人所应当拥有的权利"。一旦进入残障领域，就会意识到，残障人长期受到歧视，一个很重要的原因是大家认为残障人是不行的，配不上这么好的待遇，不需要这么好的机会，给他（她）一些帮扶、慈善就可以了。现在我们做残障权利研究，做基本人权倡导时，首先就会说"残障人首先是人"，《残疾人保障法》明确提到，"禁止基于残疾的歧视"，就是要保障残障人在交通、就业、教育、结婚、文化体育娱乐等方方面面都跟其他人一样，有平等参与的过程，实现平等、参与、融合。法律明确提到"有无障碍需求的社会成员"，残障正是因身心损伤产生了对无障碍的需求。此外，还有其他情况导致的无障碍需求，比如怀孕、疾病、受伤、年老、年幼等，所以残障是人的生命多样性的体现。当然，残障有其独特性，残障人的无障碍需求有其独特性。如果把残疾人作为一种社会成员来看，重视其无障碍社会需求，在这个意义上讲，无障碍就作为一个平等对待理念的体现，把他们包容进来了。这是我们立法理念非常前沿的地方，确实是立法独特的创举。从人权来讲，残障是个体身心损伤和外部障碍相互作用的结果，然后，种种残障所对应的无障碍需求也是多种多样的。

其二，《条例》起草的时候是由建设部门主导，有很多条文是跟物理设施无障碍相关的。现在的法律加进来另外两块，一块是信息无障碍，一块是服务无障碍。法律要倡导、实施、落实，这个跨部门的协调任务是非常重的。《无障碍环境建设法》的草案在总则里强调，住建部门要牵头做协调，因为住建部门牵扯很多责任，很多事项是住建部门直管的。另一部分网络信息无障碍的建设责任，很多还是在工信部。还有很多涉及残疾人的日常服务，包括残疾人去民政局结婚、离婚，去很多公共服务部门办事情，每个部门都要在各自职责范围之内，提供无障碍的公共服务。这么多部门的协调，就我的研究经验来讲，还是要强调一下残疾人工作委员会（简称"残工委"）。残工委在协调工作上要发挥作用，其职责必须通过这样的工作机制才能推进。残联同志接收到残疾朋友的需求，例如小区里建了几个水泥墩子把轮椅阻挡住了，或者公园里无障碍设施的缺乏，有的时候是城管决定的，有的时候是文旅局，残工委在其中强化协调职能还是很重要的。"合力推进"也是最新一期《国家人权行动计划》中人权保护的原则之一。残疾人权利的保护以及无障碍需要跨部门协调，所以我们要把"合力推进"的原则再强调一下。虽然我们现在的草案中有几个主要原则，例如实用易行、广泛受益、安全便利。实际上有两个原则，"合力推进"原则和"智慧推进"原则也同样值得重视。为什么讲"智慧推进"原则？《无障碍环境建设法》确实有一个亮点，就是把信息无障碍推到一个很高的层面，这其实也是因为现实当中有很大的落差。信息交流无障碍当中，有很多技术性的问题。我举两个例子。最近一两年看到很多所谓的 AI 手语翻译，大家好像觉得技术的发展很快可以解决手语翻译问题。其实在我们系列大讲堂里有一讲将由北京师范大学的郑璇老师来讲，她就会讲这个问题。我基于郑老师的研究，和我跟聋人同事的交流经验，发现科学技术的发展没有这么快满足手语翻译的需求，反而更要看重草案提到的"信息服务平台"的问题。一个省、一个市，建一个综合无障碍信息服务平台，提供真人线上手语翻译、真人线上朗读，或者是其他的信息无障碍的支持，这反而是另外一种更有效的信息服务技术举措，这是我对这个条文的心得。

此外，草案提到了感知或者表达障碍者也有无障碍需求。很多条文提到了手语，提到大字版、语音版、文字版，这些主要是针对视觉和听力障碍者而言的。还有坡道等，这是对于肢体障碍者而言的。但不要忘了，还有智力障碍者和精神障碍者。智力障碍者对于信息无障碍的需求也是很独特的，比如易读的问题，法律、地图、指引、守则，做成易读的、简单的文字配上图，就更便于沟通、理解，这可能是未来法律实施过程中要重视的。此外，我们强调运用科技手段、新的技术，这能够极大促进信息交流或者环境设施的无障碍，同时我们要注意到科技的改造和干预应当有人权的底线。我们常常看到一些信息无障碍服务会有大量的数据收集，数据收集过程中几乎没有尊重服务对象的知情同意或隐私保护，就把服务对象的很多照片也拍下来，姓名、身份证号、手机号、住址，甚至一些生活习惯、个人身体特征等，都被采集下来了。采集下来之后，这些数据在很多部门、企业或者社会服务组织之间流动。更不用说精神障碍者的很多信息，很多人都知道了。有的时候，提供方便、提供上门服务，是为了更好地提供服务，但在这个过程当中，一定要注意保护隐私权和个人信息，注重知情同意。虽然看起来服务对象没有付钱，而是国家或第三方付的钱，服务对象不是消费者，而是福利的享受者，那么他们能不能拒绝告诉别人隐私信息？残障人能不能做出自己的知情同意，这是在对残障人的数据收集和信息提供过程当中需要注意的。

草案明确提到保留传统服务方式，其实很有意思。保留人工服务等传统服务方式，就是怕一些残障人、老年人或其他人没办法跨越技术鸿沟。很多服务都无纸化、自动化了，他们就没法接受服务。这点其实非常有中国文化特色，中国传统人工服务非常优秀，同时草案里有一条专门提到了无障碍文化。第十一条："国家开展无障碍理念的宣传教育，普及无障碍知识，传播无障碍文化，提升全社会无障碍意识。国家鼓励国家机关、社会团体、企业事业单位以及其他社会组织对工作人员进行无障碍服务知识与技能培训。"一个人到银行门口了，他把数据告诉工作人员代办，代办也是传统服务方式，这也是人工服务。所以在这个意义上讲，法律的条文之间是交织的，很明显这一条要跟第十一条的无障碍文化的培训、无障碍意识的提升合在一起，这样才能够确保它能够有效克服所谓的技术鸿沟、信息鸿沟。技术、科技发展的同时，要用人力弥补鸿沟，这是很重要的提示。

此外，我们也要注意残障资历（Disability Expertise）的问题。残障人被称为 Disabled 是传统的说法，是指失去了某些能力。我的同行吴迪博士在麻省理工学院，研究残障人如何影响科技的发展。她提出，工程师、科学家们在研究计算科学的设计的时候，要不要去直接尊重残障人的独特的认识方法？不管是感官障碍、精神障碍还是智力障碍者，他们的这种独特的生活经验，能不能影响机械设计？传统的计算科学的编程设计还是健全中心主义，是按统计学上的大多数人的习惯来设计的。一次性设计出来之后，再去打补丁，弥补程序缺乏无障碍的问题，成本就会高很多。但是，如果在一开始的设计过程中，就能够认识到残障人本身的生命体验，当然也包括其他人的生命多样性的体验，有各自的专业知识、各自独特的资历，能够贡献无障碍技术设计的丰富性，让认识论本身发生变化，效果就会更好，这是一个科技史的视角。不只是残联，还有更多的社会组织能够参与，给残疾人无障碍设施提监督意见、反馈意见和设计意见，这样就能真正做到"智慧推进"。

接下来还有两点，一个是要重视"无障碍"与"合理便利"的关系。怎么去看待残障人的诉求？他坐一个轮椅到了台阶前面，是要现在立刻就把台阶拆掉，马上把施工队调来，把电梯装上去？还是说用"必要的替代性措施"？这是一个中文的表述，我们看一下域外经验或国际做法，就会意识到这其实就是《残疾人权利公约》提到的"合理便利"。无障碍环境建设需要投入资源，要设计和论证，需要有一个建设过程。在这样一个建设过程中，残疾人朋友已经到了公共服务场所门口了，这就需要 Reasonable Accommodation（合理调整）。不是拒之门外，也不是代办，而是在合理的负担范围之内，积极地采取措施。现在台阶改不了，但是能用其他的安全办法，比如绕过去，或者把里面的一些东西搬到门口，实现无障碍的功能。又比如，现在没有一个翻译可以马上到现场，可以找线上真人翻译。法律用的这个概念，我个人希望能够在某种意义上把"合理便利"加进去，只不过未来研究者面临的一个任务就是要去论述"合理便利"这样一个很成熟的概念。如何去推动必要替代性措施的落实，这是我们这个法律制定出来后，在完善落实过程中很重要的一点。

最后，还有一个亮点是公益诉讼，通过公益诉讼推动无障碍环境建设。在法学院的背景下，我马上就会想到检察院在积极地做这个事情，那法院呢？公安呢？司法局呢？草案第四章真正明确有无障碍要求的，其实只有一个部门，就是司法行政部门，为什么呢？现在全国人大制定的所有的法律里面，除了《残疾人保障法》，也就只有刚刚实施的《中华人民共和国法律援助法》（以下简称《法律援助法》）第四十五条明确规定了法律援助机构提供法律援助的时候要有无障碍设施设备和服务。所以《无障碍环境建设法》是对的，法律可以直接对接，要求司法机关、法律援助机构提供无障碍服务。当然现在的条文用的是"司法机关"，对它可以作广义的理解。司法机关提供无障碍服务的时候，除了《法律援助法》明确规定的法律援助机构或者是司法行政机构之外，公安、检察院、法院在介入民事诉讼、行政诉讼、刑事诉讼的时候，就会涉及很多程序上的调整。这其实涉及《残疾人权利公约》第十三条与《无障碍环境建设法》的对接问题，要合并起来去理解，也涉及未来最高法、最高检要不要去出台相关的司法解释，让《无障碍环境建设法》里面的相关规定能够在三大诉讼法里面有更实质性的体现。比如说手语翻译，轮椅使用者等或者是盲、聋、哑人能够更加平等地、无障碍地，不断参与司法的全过程，这其实也是《无障碍环境建设法》的应用前景。以上是我听了黎老师的讲座之后的一些学习心得和反馈，谢谢大家。

张万洪（主持人）：

谢谢丁鹏的与谈。丁鹏是新科博士，他的博士论文写的就是残疾人实现司法正义的研究，对这个话题非常熟悉，在黎老师分享的基础之上，也谈了一些他的想法。线上的朋友们如有问题可以直接提问。

黎建飞（主讲人）：

谢谢丁博士的与谈，他是专门研究这方面的，所以非常有特色、有专长，我们也有很多共同语言。他提了一些问题，确实是要注意的。草案现在还在面向全民征求意见。我们把我国现行的将近四百条与无障碍有直接或间接关系的条文都找出来了，然后来协调，至少使现在的草案不与它们冲突，或者进行提升。但是在诉讼当中怎么能够进一步？这种保障性法律最大的问题就是倡导性过多，规范性过少。我们这一次就力图避免，但是估计也很难完全做到。

有人在留言里面提到在诉讼里关于手语的规定。他认为这个条文还是比较模糊，他用的是"模糊"，实际上是比较"宽泛"。因为这是基本法律，谈到了手语，接下来，它是要实施条例和实施细则以及地方立法来解决的。或者说，下一步要司法解释来加以解决，在这一部法律中很难将手语引入。我想大家都知道，手语很重要，但它的统一性是个问题。

有人提到手语普及能不能到位，还有字幕和口述的问题。这些问题都是技术问题。比如手语的统一问题，手语有标准手语和地方手语，以及生活手语和通用手语，要统一这些关系，估计只能通过其他法律解决。但在这个地方又提了一个问题，可以深入解读——无障碍服务。我们现在每天面临最多的、接受最多的就是服务，跟我们生活极相关的就是服务，无论是残障人还是其他人。而每个人对服务的接受程度不一样，法律要规范这个问题。

杨雪献（观众）：

两位老师好，在无障碍推动中我多次看到两位老师的文章和观点，非常感谢。我是一位残障人士，我也正在从事为企业提供残障设施的无障碍改建和人才的推荐、咨询、培训服务。对即将推出的《无障碍环境建设法》，企业现在有一个担忧，就是按照新法，后续企业在无障碍环境的改造过程中是否要花费更大的成本，来方便现在的无障碍人才引进工作。我们希望两位老师能够提供一些指导意见。

黎建飞（主讲人）：

谢谢，这个问题提得非常好，也是一个根本问题。就残疾人就业来说，已经有了《残疾人就业条例》（2007 年 2 月 25 日中华人民共和国国务院令第 488 号公布，2007 年 5 月 1 日起施行），规定了残疾人按比例就业的指标。企业也愿意承担该社会责任。接下来还要考虑招募一个残疾人以后，工作时长如何保障的问题。这一点其实我是很想讲的，就是增加成本的问题。首先要认识到什么叫"增加成本"，就人工成本来说，没有一个普遍的标准，不能将员工的不健全、不年轻、体力差等看作企业用人的"增加"或"额外"成本。这是企业应该尽的责任，而不是增加成本。我想说的是，只要是合理便利，就必须提供。这个重大课题叫作社会融合，社会融合跟无障碍是一回事，其关键在于接纳他们、容纳他们、让他们跟你一起生活，将残障群体当作自己的家人。企业要有这种认识，这是必须尽的责任。

张万洪（主持人）：

谢谢黎老师。这个问题肯定是提到了黎老师的心坎上。黎老师的专长，还在于劳动与社会保障法。刚刚我们也谈到人的就业的问题，谈到人的生存状况。黎老师也回应得比较多。

按照预定的时间，已经到了结束的时候。好在日后这个系列的座谈会持续下去，我们有不同的话题，有关于无障碍的哲学认识和思考，有关于听障群体的语言服务，有关于平等参与原则下的无障碍和合理便利、无障碍和老年人的问题，有关于融合教育下的无障碍校园环境建设，有关于辅具设计等等。希望大家能继续关注，今天也感谢各位的参与。评论区不断地有人来发表感想，为黎老师的演讲点赞，为他的回答叫好。

请允许我在最后引用今年年初吕世明主席接受采访的一段话来结束我们的讲座。他说："无障碍环境建设，是一项前人栽树，后人乘凉的事业，是幸福工程和文明实践。"我们期待有一天，无障碍事业会融入国家和社会发展，这必将惠及社会全体成员。残疾人、老年人、儿童和其他行动不便者、交流不便者，包括负重者，都能够自由、安全、便利地享受生活，享受阳光绿地，参与社会活动，实现人生价值。按照吕主席的话，这是他矢志不渝推动无障碍事业发展的动力所在，也是我们今天举办这个大讲堂和系列讲座的初衷所在。

感谢今天的主讲人、特别开幕嘉宾吕世明主席、与谈人、各位提问的朋友，还有社群的朋友们，以及在这个聊天框中提出问题的朋友。我们都在一起，让我们下周再见，大家晚安。

第二讲

无障碍理念与视野

（2022 年 11 月 9 日）

主讲人：厉才茂

与谈人：李　剑

主持人：张万洪

张万洪（主持人）：

　　大家晚上好，我是武汉大学法学院、武汉大学人权研究院的张万洪。我在湖北武汉向大家问好！我戴眼镜，圆脸，上周我介绍自己是微胖，很多人表示抗议，那今天我就承认我是个胖子，我今天穿墨绿色衬衫。有朋友问我，为什么要描述自己？我解释一下，因为讲座的听众中有很多视障朋友，我希望通过描述自己让他们有点现场感。我们经常说，"在互联网上，你不知道那边是不是一只狗。"我现在就想让大家知道谁在讲话。一如既往，今晚的讲座有手语翻译和手打字幕。上周有个非常好的开头，结合不久前提请审议和面向社会大众征求意见的《无障碍环境建设法》的草案，邀请中国人民大学法学院黎建飞教授给我们讲了中国无障碍环境建设法治化的进程。

　　今天我们邀请到另一位重量级嘉宾，凡是研究中国残障问题的人都知道的厉才茂主任。他是浙江天台人，北京大学哲学系博士，曾任北京市残联政策研究室主任，现任中国残联研究室副主任二级巡视员、残疾人事业发展研究会的秘书长，也是这个领域一个非常重要期刊的常务副主编。他今天的题目是"无障碍理念与视野"。其实有关无障碍的问题，厉主任在 2019 年第 4 期《残疾人研究》杂志中有一篇《无障碍概念辨析》，是我们认识"无障碍"这个概念绕不开的文献。

我再提前介绍一下今天的与谈嘉宾，她是来自中国社科院哲学研究所的助理研究员李剑女士。她是我在武汉大学的师妹，比我低一级，同时也是厉主任在北京大学哲学系的师妹。李剑师妹在残障领域也有很多思考，给我们提供了非常好的洞见和哲学思考。所以今天从某种意义上来说，是两位哲学家的对话。我还想说，希望主讲人和与谈嘉宾不介意，这也是两位身体障碍者的对话，他们两位都使用拐杖。我们来看看他们的对谈能碰出什么样的火花。

厉才茂（主讲人）：

谢谢万洪，谢谢晚上与谈的李剑老师，谢谢晚上一起讨论的老师、同学，还有在实践第一线的同志们。非常高兴受邀来这里跟大家讨论无障碍问题。万洪是我们研究会的副会长，也是我们权益保障专业委员会的主任委员，他提出来要组织这样一个系列的无障碍讲座，特别是在《无障碍环境建设法》公开征求意见的背景下，我觉得非常有意义。我也愿意把我了解的、关于无障碍的一些背景和个人想法跟大家交流。

我今天晚上讲的内容是"无障碍理念与视野"。有两大部分，一个是基本理念和价值，另外一个主要讲我们怎么看无障碍，尤其在现在立法背景下，应当有什么样的视野。这部法在全国人大通过审议，提交公众征求意见，这是讨论的背景。讨论无障碍，它的基点或逻辑就是"理念优于制度，制度服从需求"。所谓"理念优于制度"，我之前长期在北京做立法政策，实际上就是制度建设，要有好的政策、好的立法，首先要有好的理念。第二句话叫"制度服从需求"，好的政策法规要对基本需求有了解，比如说无障碍，到底什么人需要、需要什么样的无障碍、不同的时空下有什么样的需求、这种动态需求怎么维持平衡状态。我们做出来的政策是把对残疾人的救济、救助、治疗、帮扶放在第一位，还是把自由自觉、主体能力发展放在第一位，这都决定了制度是什么样的法，是好法还是恶法，政策是好政策还是坏政策。

第一，无障碍研究的基础。刚才万洪已经介绍了，2019年我曾经写过《无障碍概念辨析》。因为那之后也是要推进无障碍立法，确实要把无障碍概念搞清楚，把它的历史、概念演变和发展梳理清楚。那篇文章讲了当时西方的、中国的无障碍历史，包括它的概念、含义以及发展变化。文章末尾触及研究无障碍的视野，讲了三个方面，但都没有展开。我想，今天跟大家的交流实际上是对那篇文章的进一步发展。

无障碍的概念从历史的角度看，经历了一些变化。从最早只涉及一部分人，特别是残障人，到现在无障碍的理念已经关乎所有人；从最早关注公共建筑、公共设施、公共交通这样的物理环境，到现在更多地关注整体的社会环境。我在北京的时候，时常讲无障碍怎么能够从有形的无障碍向社会整体无形的无障碍转变、从物理环境到整体社会环境的转变。近两年，国际社会强调现实社会到虚拟世界，尤其是信息社会、数据时代的变化。我们讨论无障碍，不能够局限在现实看到的环境，也要关注信息无障碍。信息无障碍，也不能局限于将信息交流仅仅作为一种手段、工具，还要看到整个社会和人的生活世界都已经处在信息化的环境里了。此外，对无障碍的理解也由原来强调环境要友好，变成要注重通过无障碍让人的能力得到提升。这里面也包括对待残障人、老年人，从专门设计到通用设计、从特殊安排到合理便利。"通用设计"和"合理便利"是《残疾人权利公约》里提到最突出的概念，如果把这两个概念搞清楚，"无障碍"的整个理念就非常透彻了，我在那篇文章里下了很大功夫来梳理通用设计和合理便利。讲到这里，我想强调，在现在立法背景下，要特别关注近几年来国际社会对无障碍的定义。因为我看到，这一次立法定义是以 2006 年《残疾人权利公约》的定义为基础的。实际上，国际社会对无障碍的定义，不仅是在联合国残障权利保障系统里推进的，更多的是在国际标准化组织里、在信息化的领域里推进的。所以 2014 年对无障碍有了一个新的界定，讲产品、服务、环境和设施，能在多大程度上被最大范围的不同特征和能力的人使用，以在特定环境中实现特定目标。这个定义是非常抽象的，也反映了无障碍适用的范围、涉及的领域相当广，不能由特定几类人"包揽"。2019 年，联合国大会在审议《残疾人权利公约》进展时，又对"无障碍"做了一个定义，这里提出了虚拟的世界环境。这个定义更多强调无障碍体现出的一种互动，用这些词来定义它："接近、到达、进出、与之交互、理解或使用。"当然2006年公约定义也有这些词，但后面讲的重点是地方空间、项目或者服务。所以要注意到，国际社会对"无障碍"的界定在往更抽象的方面发展。以上都是背景性的。

第二，无障碍研究的历史还原。障碍自古都有，为什么"无障碍"这个概念到了近代、到了现代才出现？实际上这个概念在国际社会也是在一战、二战以后才出现，20世纪70年代国际社会才把"无障碍"作为普遍概念推广开，我们国家到了80年代以后才有这个概念。"无障碍"这个概念指示一个社会的历史现象，我在之前的文章里面，从词源学角度分析它，我认为是有很大问题的。我现在发现它就是一个社会历史现象，是一个文明的样态，如果不能从历史角度、从本土文化角度去分析，对"无障碍"是理解不了的。为了今天晚上的演讲，我罗列了一下，有几个简单的方面。

为什么"无障碍"以前没有，到了20世纪才有？古希腊公民也有选举权，元老院留下来的遗迹里，现在还能看到坐轮椅的坡道，但那个时候为什么没有"无障碍"意识、理念或者普遍价值？其实"障碍"和"无障碍"并不是现在才有，它自古就有，是极其普遍的社会文明现象。现代化有两个特征，工业化和城市化，加速形成了环境的障碍。在面临这样的障碍时，明显有一部分人就有弱势。工业化、城市化有一种更加普遍的标准、程序来建设环境，所以这些环境障碍就成批地、系统地、规模化地产出。在工业化和城市化推动下，人们对人能力的评价是按照有没有知识、身体是否适应现代化生产来判断的，所以它越来越不关注人本身的差异性和多样性，使一部分人面临更多障碍。体弱多病、知识技能比较低的人就会受到社会忽视，之后是轻视，然后是歧视，这种障碍的形成是被这样的现代特征影响并加深的。

为什么这个时候大家对自己遇到的障碍这么敏感，有这么大的反应？随着人的解放和权利运动兴起，自由自主自决的思想意识更加活跃。特别是二战以后，欧洲和美国的很多老兵提出两个口号，一个是独立生活，一个是回归主流社会。回归主流社会就是不愿意被隔离，这个时候就对公共生活空间怎样能适合自己提出了更高的要求。1982年《关于残疾人的世界行动纲领》中提出的"充分参与"和"平等"就适应了这样的价值要求。随着时间往更现代推进，信息化、市场化的兼容发展和老龄化的到来，使人们对无障碍有了更多的意识。信息化所包容的无障碍是非常强大的。

为什么现在国际社会对无障碍的基本标准是用信息化组织来推动的？在中国，很多科技公司面临着无障碍国际标准提出的一些要求，它们要把所有人的不同需要兼容在设备、设施、产品、服务、技术里。信息化实际上是由市场化推动的。在很多地方，市场化推动了无障碍产品的发展，推动了无障碍作为现代服务产业的一部分的发展。另外国际社会老龄化加快，对适老化产品的无障碍的要求也在加速推进。

为什么无障碍没有在更早的时候出现，而是在 20 世纪出现？我会从这里进一步讲四个视野。为什么在现代，无障碍才出现？无障碍是现代文明的基本样态或者基本标志，它出现以后，我们可以有什么样的视野，得到什么启示？

一是无障碍研究的文化视野。就是障碍是怎么来的、无障碍是怎么形成的，最初的人类，对障碍和无障碍是怎么感受与体会的。应该说，人类的文明进步都是在突破自身局限和超越环境障碍的过程中发生的。同时，人类在发展文明的时候，在突破障碍的过程中也制造着新的障碍。现在很多的障碍都是人为造成的，是人自己给自己安上的枷锁。所以我有一个基本判断，我们的无障碍实际上是人类文明的自我救赎。后面我会仔细讲这个概念。人类文明的发展进程，典型的特点就是在克服障碍的过程中发展文明。原始社会时候，有最初的工具、有群居，人们能够应对大自然。到了农业社会，农具、农业技术使人们能克服环境和自然障碍。到了工业化社会，有组织的社会化大生产、机器的使用、流水线，使克服障碍更简单了。信息化时代，空间、时间中很多方面的局限被超越和克服，但我们也在文明中制造了新的障碍。为什么这么说？最早的农业社会，星罗棋布的农田、村庄、城市基本上把空间分割了。城墙、街区的存在，对一部分人来说可以躲避人、躲避自然灾害，但是对另一部分人来说，形成了新的障碍，使人被限制在空间里。有街区就有障碍问题，城市里的台阶实际上最早就是因为防洪等需要而建的。城市化和工业化带来的障碍是系统性的。工业化、社会化大生产从一定角度看越来越削弱人的能力，障碍程度也越来越高。在整个社会发展的过程中，政策、法律、标准、习俗，某种意义上讲都是在通过建立社会制度将人类社会做分割、做人的生活空间的限制。譬如中国古代讲"五服"，本来血缘关系是自然的联系，却要通过衣服颜色来分别。整个人类发展有几次重要的障碍，譬如自从有了语言以后，又区分出了一部分人，实际上就形成了障碍。自从有了打电话这种技术以后，实际上形成了一种障碍，有的人打不了电话、听不了电话。到了现代，信息社会的障碍就更多了。比如高速公路的存在使人们可以快速交通，但实际也建立了道路上的障碍。网络信息中也是如此，我们得以在网络上便利交流，但也增加了信息泄露的障碍，所以我们要有防火墙，保障信息安全。现代的交流越快速，实际上障碍越大。从古到今，有障碍，就有消除障碍的过程，障碍和无障碍都是人类文明发展的部分。虽然"障碍"这两个字是自然的土丘，但实际上与无障碍相对应的障碍，不是自然的，更多是人造成的。

消除障碍，指的不是消除环境的障碍，而是消除人和环境互动过程中的障碍，它要体现的是人的自由、尊严和价值。人在整个社会文明发展过程中，由于发现障碍所造成的异化而做出调整，这是一种自觉的调整。形成障碍和消除障碍是文明不断演进的具体样态。障碍也是文明，城市街区的布局、制度设计都是障碍。这个障碍不是情感意义上的，而是认识论、普遍意义上的障碍，这些都是文明的样态，无障碍也是文明的样态。但无障碍总归是一种理想，不可能消除所有的障碍，我们总是在障碍和无障碍的动态关系中维持平衡。中国传统文化和西方传统文化对无障碍理解有什么不一样？我在之前的研究中提到，中国传统文化对待障碍不单是从普遍的人的尊严和价值、人的权利和自由角度去考虑的，更多是重视人自行克服障碍，从而从障碍中得到成长。儒家面对障碍的时候讲"劳其筋骨，饿其体肤"，要去"修身齐家"。因此，中国人对待残疾人会自然地说残疾人要超越障碍，应该"自强"，而不是优先说要提供一种平等的、可以融入的环境。大家可以深入地来理解文化传统对障碍认识的影响，在这方面，中国文化跟西方文化不存在截然对立的一面，从障碍文化角度去思考，中国传统文化确实源源不断地为我们提供着自强不息、突破障碍的精神上的动力。

二是无障碍研究的权利视野。无障碍到底是不是一个独立的权利？无障碍的环境权能不能成立？如果是独立的权利，到底算什么权利？目前仍众说纷纭。无障碍并没有给使用无障碍设施设备及服务等的任何人提供任何额外的权利。无障碍并非一种特权，它要实现的都是人的基本权利，基本的通行权、受教育权、劳动权、经济社会文化权利等。前不久，我跟一个朋友聊天，他说我们残障领域好多说法，他作为一个残疾人很难接受。譬如说对残疾人有一个基本的服务，就叫其"享有"，或者"享受"。譬如享有基本的生存权利，享受最低生活保障，或者说享有康复的基本权利。这是作为一个人最基本的权利。他说我是高校的老师，有没有人说我"享有"进学校大门的权利？那么无障碍到底是不是特殊的权利？在融合教育里讲，要有无障碍的教学环境，对聋人和盲人要有听力语言的转换系统、书面语和口语的转换系统，这个转换系统是给了这些人特殊的环境权利吗？这只是实现他们受教育权利的一个基本的支撑条件。我想，把无障碍当成一种独立的权利是万万不行的，因为这好像是指一部分人有了特权，但其实无障碍是所有人实现基本权利的支撑手段和条件。

《残疾人权利公约》里有两个概念非常重要，一个是"通用设计"，一个是"合理便利"。现在国际社会对这两个概念极其重视。"通用设计"就是对于所有的这些环境、设施、产品、技术，我们提供这些服务，生产这些产品，研发这些技术的时候，要尽可能地考虑最大范围内不同特征人群的需要。就是说，不是针对残疾人专门做的，比如出门时看到残疾人卫生间、残疾人电梯，应该写"第三卫生间"和"无障碍直升梯"。再来说"合理便利"。合理便利的原则何以确立？怎么给残疾人提供合理便利？近代以来我们关于"公平正义"的讨论，都非常适合残障领域、无障碍领域的理解。罗尔斯《正义论》就提出社会普遍要平等，要对弱势者提供支持，这和"合理便利"是可以对接的。后来又说能力的提升更为重要，这两个都可以结合在合理便利里面。"合理便利"实际上就是通用设计暂时考虑不到的，但是又有这样的人群有需要，因此提供的临时性替代方案。合理便利何以可能？合理便利的范围有多宽多窄？这一次立法里很多人说这个地方要替代、那个地方要替代，还有很多人反对合理便利这个翻译，认为要考虑给残疾人、老年人"便利"，但又要考虑"合理"，要求过高。交通参与者对一条道路有路权，那么既要考虑公共设施的安排，又要考虑残疾人。盲道修了以后，这个地方就摆不了公共自行车或者其他公用设施。范围怎么把握、替代方案怎么限制，这些都是在法治的视野里要考虑的。也就是说，越是合理便利，越要考虑残障者和其他人权利的界限。《残疾人权利公约》提出对残疾人的合理便利不能视为对其他人的歧视。但合理便利是有必要得到保障的，如果没有合理便利，残疾人只有形式上的平等，只有一般机会的公平，没有真正的实质平等、结果的公平。譬如考试，没有给残疾人安排延长时间、特殊工具，也许这个平等就是一种形式。但是延长多少时间对其他人是平等的？从长远上来说这个问题是要考虑的。这个问题现在在残疾人工作领域里也大量存在着，以保障残疾人权利的名义损伤长期权利，看起来是便利，实际上却不合理。所以合理便利的适用要非常谨慎。

三是无障碍研究的技术视野。在构建无障碍环境过程中应怎么看待技术？技术既构建了障碍又消除了障碍，技术是能够包容障碍和无障碍的。在这个过程中特别要注意信息网络技术。从技术角度而言，无障碍建设要把通用设计做得最大，把合理便利做得最小，合理便利所涉及的内容都尽量在通用设计时考虑进去。举个例子，我到新南威尔士大学，这个学校很特别，坡道都是流线型设计，不知不觉进入了主教室，而且并没有很多台阶、回廊。还有，雷军在 2018 年全国人大一次提案中讲，小米公司坚持这样的一种理念，通过技术的应用，做老百姓能够买得起、买得到、用得好、用得有尊严的产品。大家知道"小爱"，如果我躺在床上暂时不能移动，我可以通过声音唤醒"小爱"来让小米产品播放音乐，克服移动上存在障碍的困难。智能家居、智慧社区、智慧城市将使这样的无障碍技术推广到极致，我觉得立法要考虑这种技术前瞻。我们对无障碍技术不能仅仅将其看作一种手段，它是我们的生活世界。

当然也要考虑无障碍技术在传统和现代之间怎么取得平衡。中国很多古建筑，有台阶、门槛、回廊和屏风，它们的美是优美的、弯弯曲曲的，那么怎么通过技术使传统和现代获得平衡？这是无障碍的技术视野，我们要考虑的还有很多。前段时间有同事问我，无障碍是不是等于消除障碍。我在技术这段的总结是，障碍必然不是无障碍的逻辑前提，并不是要先设置障碍才有无障碍。比如新南威尔士大学在建设初期就可以无障碍，我们不要从消除障碍角度去理解无障碍，而要在设计之初就考虑不出现障碍。

四是无障碍研究的经济视野。我记得吕主席曾讲过，无障碍是内循环很重要的条件。这个好理解，第一，比如电影院有无障碍设施，消费者群体就会扩大到残障者、老年人及其家属，这就是服务业对象的扩大，对内循环有利。第二，无障碍产品、技术是很大的服务产业市场。在《无障碍环境建设法》里，这一点强调得还是很少。举个例子，我国台湾省有很多无障碍产品通过之前的标准体系建设、认证制度建设做了很多标准规范。譬如在我国台湾省，如果一种建筑材料没有无障碍配置，它就没有市场。比如说对"门"的制造业，门的拉手是什么样，决定着这个门能卖出多少，如果不是无障碍的拉手，它是很难进入这个产业的，也很难适应市场，这就是一种经济学。上次我跟吕主席还谈到了湖南某个景区建立了无障碍，我不是提倡每座山都建立无障碍，山要保留"高山仰止"的特性，当然也可以在有些地方建立，这也是一种经济。因此，我们建立无障碍，也要从经济视野考虑，同时跟技术、权利、文化联系在一起。

第二个部分，怎么摆正权利和福利之间的关系，以推动无障碍建设。举个例子，比如我个人觉得，家庭无障碍改造入法，相当于进入私人领域立法。但是现在无障碍家庭改造的很多法律关系还没有处理好、权利的层次还没有处理好。无障碍环境法，按理说首先是公共空间的无障碍。人的权利是在公共空间里的权利，这里就讲到了福利和权利的关系。我们不反对家庭无障碍立法，但我们要去思考他们之间的关系。无障碍是福利的制度，要与经济社会发展水平相适应，并不能保证所有人都能享有这样的权利，它要根据地方发展和需要的平衡考虑来决定，有的地方能实现这个权利，有的地方不能实现。譬如美国的 ADA 法案（即《美国残疾人法案》），在处理无障碍时，都强调它的公共空间。在这个问题上，还延伸了权利和福利之间的关系。上次在讨论权利时，我们发现福利权不敢轻易去立法。譬如在北京立法的时候，就将残疾人组织起来开研讨会，要地铁让残疾人免费乘坐，实际上我们更加关注地铁是否能保障无障碍通行，至于钱是否免了，政府可以根据经济发展水平来决定。对于无障碍进出，是没有任何的先决条件的，是每一个残疾人都应该享有的，是立法重中之重的东西。所以无障碍立法怎么能把这部分没有先决条件的权利充分地考虑进去很重要。福利的这部分目前还是次要的，举个例子，现在已经规定了盲人持有效证件免费乘坐公交，但很多盲人不知道来的车是哪号车、有没有无障碍，如果有一种设备，一辆车来了就能提示，先保证残障群体能独立自主无障碍地上去，那么此后再说免费乘坐的问题。我们国家立法坚持权利保障和社会福利共同推进，把权利保障和社会发展一起推进，这是立法的优势。我们国家很多的法，比很多西方只单纯讲权利的法更实在，我们把社会保障和社会发展结合在一起，把形式公平和实质公平结合在一起，最后促进实质平等。

但又有一个问题，我们考虑它的福利，是源于我们对残障的认识，对老年人的认识。我们把他们看作是被救济者，是需要救助的人，所以在立法、制定政策时，都说"补贴"。我们没有把怎么支持残疾人在学校读书放在第一位，甚至在立法里出台一个辅助器具的政策，都只是说家庭经济困难的人可以得到免费辅助器具，但没有说就业、就学、就医的人应该优先得到辅助器具。这里我要强调，辅助器具在《残疾人权利公约》里作为"合理便利"的一个内容，是无障碍的一个很重要的部分，不能不考虑。

在经济的视野中还有一个问题，无障碍建设领域存在很多以经济手段处理违法行为的问题，这样的经济手段何以可能？在经济手段之前，要不要设置其他手段？有没有更好的、可执行的手段？这都是经济视野需要考虑的问题，因为我们刚才讲了，无障碍是要从发展权利的、社会的视角来看的。

我讲的内容，一是背景，二是通过讲"无障碍为什么在现代才有"引出了四个视野，通过讨论这四个视野，对无障碍会有不同的理解。从这些方面去思考，有助于我们从法律角度对《无障碍环境建设法》的具体条文提出好的意见。譬如草案第一条，如果从刚才讲的背景来看，就知道第一条其实缺了一些要素，这些要素在现阶段也不一定能写进去。第一条说，"为了加强无障碍环境建设，促进全体社会成员平等、充分、便捷地参与和融入社会生活，共享经济社会发展成果，根据宪法，制定本法"。如果要从障碍和无障碍文化的角度和权利视野来看，就这一条针对的主体和对象而言，残疾人、老年人和全体社会成员，相对来说，还是一个"进入"另外一个，一个"融入"另外一个的关系。实际上如果要从立法角度来说，应该是每一个人、所有人都能充分地享有基本权利。也就是说，无障碍并不是处理参与和融入的问题，如果说"参与和融入"，就是割裂的。当然立法语言有一个发展阶段，也不是说前面这句话错了。无障碍的建设不仅有利于这些人，实际上是能够促进社会自身发展的，能够使我们社会更加包容、多元和可持续发展。如果说只是为了融入，这是不充分的，好像是便利了他们。城市建设是为了所有人，城市建设本身就应该考虑所有人。如果能确保所有人都享有基本权利和促进社会可持续、包容、多元、开放地发展，就能够把社会的文明、基本权利都体现出来。如果没有确保所有人都能获得基本权利，社会可持续发展没有在这里面，那怎么表述？这就是我今天晚上讲的意义，就是我们对这句话的理解。第二条"有无障碍需求的"，实际上障碍和无障碍是人类文明的样态，所有的社会成员都是有需求的，只是说有的是在这个阶段，有的在那个阶段。我们在现阶段和未来立法时应该怎么考虑？大家都应该积极参与来提建议，共同推动这部法律的出台，我提供了这样一些视野。谢谢。

张万洪（主持人）：

厉主任刚才从他两年多前发表的文章谈起，以其为背景，同时结合最新的《无障碍环境建设法》的草案，从四种视野向我们描绘了他对无障碍概念、无障碍制度、无障碍理念的反思。我特别想介绍的是，其实厉主任这几个月要做多次手术，今天这个时间段是两次手术的间隙。讲完这次讲座不久，他还要再做下一次手术，我在说的时候眼眶有点湿润，谢谢他对我们论坛的支持，他给我们提供了最新的思考。在讲座开始之前的十分钟他把刚刚做好的PPT发给我们，他在病床上，在一个身体遭受折磨的情况下，将他思考的结晶无私提供给我们，非常深刻、前瞻，又大气磅礴，令我非常感慨。有请与谈人，来自中国社会科学院哲学研究所的李剑女士，分享她的与谈观点。

李剑（与谈人）：

我是李剑，来自中国社会科学院哲学研究所。张万洪老师说，今天有一些听障人士参会，我非常高兴。我在现实生活中并不认识听障人士，也不会聋人需要使用的手语，但我非常渴望能跟大家交流。我是在武汉大学念本科，考研到北大哲学系，当年高考的时候，因为一条腿有残疾，左腿比右腿短四五厘米，非常担心招生老师会因为残疾就不要我。当时特意去见了武汉大学当地的招生老师，特别强调我的生活能够自理，我到了大学之后才发现没有关系。我到武大，学校还给我一等奖学金。后来我考研时，提前到北大研究生宿舍里问他们考研经验，我进到一个宿舍就看到厉才茂坐在里面，看到拐杖放在里面，我就放心了，因为那个时候我还不需要拐杖。2015 年我又受了一次伤，第二次骨折，我才开始使用拐杖。

哲学学者的习惯是当我们讲到一个问题时，一定要先分析清楚所使用的概念。比如说"权利"这个词，我们都会在日常语言中使用，只有当我们给它一个哲学定义时，才使用"权利"这个概念。"残疾"也是类似，我们都知道什么是残疾。日常生活中，你看到我使用拐杖，你说"这是一个残疾人，有残疾"。但什么是"残疾"，"残疾"作为概念是什么含义，如果不进行理念上的分析，不给一个概念的定义，只使用"残疾"这个词，就没有把握基本概念，所以我要先讲一下什么是"残疾"。这个概念分析体现出残疾在理论理解上的演进，同时也给我们提供了一个理解的背景——为什么解决残疾的问题需要改变社会、建设无障碍的社会环境。

最早对残疾的理解，即在中国前些年，对残疾的理解就叫作残疾的医学模式，Medical Model，医学模式是什么意思？所谓的 Disability（残疾），是残疾人自身的问题。身体有功能的损失、肢体的缺失、有器官不对了，所以说是残疾人。正是因为个体的残疾，造成不能出门、不能上台阶、不能进公共建筑物，不能干这个干那个。这种理解认为残疾原因在残疾人自身，残疾是障碍的原因，残疾和障碍是因果关系，障碍的原因当然也是残疾者自身。残疾了，所以不能参与社会、不能受教育。在英美国家，20 世纪 50 年代，这是占主流的理解模式。残疾者如果在活动上受到限制，全是个体的不正常。从 20 世纪 70 年代开始，由英国社会学家（有一些人也是残疾者）转变了对残疾的定义，提出了对残疾理解的社会模式，Social Model。怎么理解残疾，直接决定着社会怎么对待残疾。残疾人之所以在活动上受到障碍，是因为残疾人所处的环境，不够关心身有损伤的人士，因此把他们排除在一些社会主流活动之外。这种新的模式认为，社会组织和社会环境是造成残疾的原因，其参与社会生活的障碍是一种漠视的社会文化造成的。残疾和性别一样，被理解成一种社会建构。需要改变的不是有残疾的个体，而是造成残疾的社会和外部环境。这种社会模式影响非常大，在社会模式提出之后，残疾人要求社会对待残疾人有一种改变，西方社会逐渐出现了要无障碍、接纳残疾人、改变社会，从而改变残疾人处处受障碍的处境。近些年提出的最新的残疾模式是交互模式，把前两种模式结合起来了。残疾作为一种复杂的现象，是一个人的内在特征，也即他的损伤与这个人所处环境之间的交互作用。为什么要这样理解？因为社会模式有一个缺陷，是只强调社会的改变，很大程度上忽视了残疾人自身的身体损伤所带来的种种负面和痛苦的影响，也忽视了医学科技进步应当努力在残疾人身体上、功能上提供更多的辅助技术帮助，或者采取更多的改进。无论社会环境改变成什么样，即便我们设想这个社会环境改善成最理想的模式，一个残疾人身体毕竟是有某种损伤的：聋人毕竟是听不见的，没有办法欣赏音乐；视力障碍者毕竟是看不见的，没有办法读不是盲文的书，也没有办法欣赏油画或者雕塑。像我的腿部残疾，对我来说，事实上无论这个社会环境怎样改变，我去日本或者英国，哪怕都有无障碍环境建设，可是腿的残疾每天都让我认识到，我的生存状态其实是在伤痛中受折磨的状态，每天的痛苦不可避免。所以交互模式既强调社会环境的改变，不要让残疾人因残疾造成障碍，也强调医学科学进步，解决残疾人身体上的损伤痛苦以及机能缺失的影响。正是因为残疾概念当中包含了社会对残疾人所造成的障碍和影响，所以要解决残疾的问题，必然得出一个结论，就是社会环境要改变，要建设无障碍环境。如果建筑物有坡道和电梯，坐轮椅的人可以正常进入，和健全人一样进入；如果电梯里有声音的播报、盲文等，盲人也可以坐电梯。只要做了环境的改变，残疾人就可以像其他人一样正常进入社会环境中，这是可以做到的。关键在于这个社会是否选择这样去做。

无障碍意识就是让残疾人获得能力。能力就是我们能做到什么。在政治哲学上，在解决残疾问题方面，现在最有力的一个理论就是能力理论，该理论指出真实的平等是一种能力的平等。因为残疾人如果仅仅跟其他人一样拥有权利的平等，事实上因为残疾人身体因素以及环境对他造成的障碍，仅仅拥有纸面上的权利，残疾人做到的事并不能跟他人一样。能力平等就是确实能做到这件事，能获得这种行为的无障碍，所以真正的平等是一种能力的平等，也就是说每个人都能获得和实现基本的功能，包括人身安全、营养、教育、交流、行动，与他人形成社会联系，参与社会活动，与他人进行社会合作等等，能力就是一个人能得到上述这些，就是能做到想做到的事、能成为想成为的人。例如，一个人虽然听不见，但是能做到想做的事，就拥有了跟其他人相等的能力，在政治哲学意义上，拥有了跟其他人一样的平等。对残疾人来说，无障碍建设就是获得这种能力的基本前提，这样残疾人自由才能得到真实的保障，残疾人才能与他人相互交往合作。正是因为现在环境依然有这样的障碍，所以中国道路上很少看到残疾人。

我之前去看樱花，很少看到跟我一样使用拐杖的残疾人，这么多残疾人怎么没来？是不是被困在家里没有出门？残疾人必须要出门才能交往、工作、受教育，所以无障碍的意义，就是让残疾人获得包括行动在内的种种基本能力。

接下来我想谈谈，为什么要追求平等。平等是所有文明社会共享的理念。20世纪以来的政治哲学当中，在无数权利浪潮运动中，如残疾人权利运动等，都是在追求这一点。现在所有从事政治哲学的人，无论哪个流派，大家共同的承诺就是平等。每个人都得到平等对待和尊重，每个人都得到人类核心能力的保障，这是文明社会应该尽到的基本责任。上周讲座的讨论中提到，如果没有包容和融合，大家不包容残疾人，社会就不能存在与延续。不，社会可以存在与延续，但这样的社会不是一个文明的社会。文明的社会需要对残疾人、对少数人平等对待，需要包容他们。此外，平等也是每个人对其他人承担的基本义务，因为所有人都在一个社群当中生活，我们在人类社会当中生活，我们对其他人、其他人对我们承担的基本义务是什么？其中一个基本义务就是平等。就是说我们有义务使其他人跟我们处在平等关系中相互交往。也就是说你不可以在这个关系中支配别人、压迫别人、歧视别人，当别人跟你说话的时候，你有责任和义务听他说什么，给他基本尊重，给他应有的对待。当我们主张残疾人权利，残疾人要得到无障碍环境时，一定要给出一个论证。为什么残疾人得到包括无障碍环境建设在内的诸多权利如此之重要？不仅对残疾人重要，对整个社会都重要。因为人类是有多样性的，每个人都有他与社会主流不同的某个特性。比如个人独特的趣味和爱好等等，每个人都会在某个时刻成为少数群体，处于劣势地位，每个人都在某个时刻，会要求别人对你给予平等的对待，这是每个人对所有其他人的道德标准，本身就是适用于所有人，无论这个人有哪方面的特殊性。在座的一百多位参加论坛的人，在各个方面都有特殊性，或许有些特殊无人在意，比如是不是双眼皮，但可能有些特殊在某些时刻也会让人感到受到歧视或差别对待。我想说，我们给残疾人提供无障碍环境的哲学论证，我们还确立了残疾人获得平等对待的政治哲学原则，这个原则支持所有的人都在社会中、在与他人交往的关系中得到平等的对待，这种哲学原则、道德原则的确立会让社会中所有其他人都因此受益，因为这是一个面向所有人的、支持所有人得到平等尊重和对待的普遍哲学原则。所以无障碍环境建设，从表面来看，受益的是人群中那些行动不便的残疾人、老年人，还有骨折病人等，但是就政治理念和道德理念层面来讲，所有人都是受益者。因为平等的原则是支持所有人都得到平等的尊重，享有真实的自由，并获得向上发展的人生。

接下来我想讲无障碍让残疾人获得贡献社会的能力。这个社会要建设无障碍环境，大家不要认为残疾人是单纯的受益者。不是这样的，残疾者不是社会文明被动消极的受益者，残疾人本身就是社会文明和社会进步的建设力量与推动力量。无障碍项目要建设成功，就要让残疾人从小就能受到良好教育，让残疾人无论有哪方面的残疾，都能获得发展自我的能力，参与到社会交往和社会合作中，这样残疾人的才能就能得到培养和发展，残疾人取得的人生成就就增进了社会文明成就。所以无障碍环境建设以及相似理念的实行能够让残疾人的才能发展出来，让潜能发挥出来。就好像我们如果没有霍金，对宇宙的理解就会缺失很重要的一部分知识。霍金因为身体原因，坐在轮椅上只能靠眼珠活动指挥电脑发出人工语音。如果没有帕尔曼（著名的小提琴家，坐轮椅），音乐世界就缺失了很优美的乐曲。人的才能是多方面的，身体某一方面的残疾并不影响其他方面的能力发展。残疾人需要的是社会环境无障碍，让他们发展其他方面的能力。无障碍环境、社会包容和融合，能让残疾人能力得到实现和发挥，这是社会应给予尊重和承认的。英国有一个比较著名的舞蹈真人秀节目《舞动奇迹》（Strictly Come Dancing），有一个聋人女孩参加舞蹈比赛，还得了冠军，这个聋人女孩怎么跳舞？要知道这个比赛要持续三个月时间，每周跳一次，要跳很多舞，要跳华尔兹、伦巴等等，听不到音乐怎么跳舞？她说她就看手势来跳舞，跳得非常好。聋人女孩可以被接纳进舞蹈真人秀，这是很了不起的，某种意义上拓展了人类所能做事情的最大可能。这个聋人女孩叫罗斯·艾林-埃利斯（Ross Ayling-Ellis），是英国的聋人女演员，在电视剧里也出演聋人，她完全听不见，但是不影响她跳舞，观众在看她跳舞的时候，完全看不出她是一个听不到音乐的女孩。我想这样的人参加舞蹈大赛并且能夺冠，确实拓展了我们对"人能做到什么""人能成为什么""人能希望什么"的认识。

接下来我想回应几个问题，在这个社会中，有很多人会对残疾人得到无障碍环境、残疾人获得和实现权利质疑。一个经常出现的质疑是，残疾人无障碍环境建设会增加社会成本。为什么社会要把资源用到少数人身上？这是不是让他人受损了？在一个对残疾人包容、实现无障碍的社会里，实现的是人与人之间的温暖与关爱，一个社会能够为弱势群体争取地位，所有阶层群体都会在这种仁爱精神中受益。第二个常见的质疑是，健康人都得不到自由和平等，残疾人还想要自由和平等吗？我想说人类社会要迈向更美好的未来，必须要绘出超越现实条件的理想图景，理念先于现实。

最后，去摘那遥不可及的星。是不是要追逐那不可能的梦想，要去抗击那不可能战胜的敌人，是不是要去承受那不可能承受的痛苦？① 一定程度上，我承认一些对残疾人的质疑是有道理的，这种理想好像是遥不可及的星。但理想和理念不是一个静态的对象，社会是动态的进程，每日每时，人们所做的每一件事都是社会理想实现进程的一部分。在座有很多残疾人，也有很多健全人，请大家共同为这样一个美好、平等、自由的前景奋斗，它值得我们为之付出汗水和泪水，一个平等、包容、人与人之间充满善意和仁爱精神的未来终会到来。如果我们像现在这样，每天前进一小步，中国会成为一个更加美好的中国，谢谢大家。

张万洪（主持人）：

谢谢李老师，内容非常充分。下面进入提问和评论环节。

问题：

有没有信息的无障碍，让所有人都平等地知道某些信息？比如让不同地区、不同学历层次的人都能知道某一个医疗技术信息。我们应该如何理解疾病和残疾的关系？疾病就是残疾吗？

---

① 化用音乐剧《我，堂吉诃德》中的歌词。

厉才茂（主讲人）：

　　就这两个问题，第一个问题是信息无障碍的普及和推广。这些年来各方面都比较关注和重视信息无障碍。实际上每一类残疾人都可以通过信息无障碍受益。从美国和欧洲国家来看，现在信息无障碍的推进速度非常快，他们试图利用现代的互联网、信息科技，使所有的人受益。你讲到了信息无障碍的可及性，现在国际上的信息化组织在推进，他们对无障碍的理解就是从可及、可用这两个角度切入的。在我们国家，在不同的地区、不同的城乡，残疾人、老年人获得的各种信息都会有一些差异。包括北京、上海、深圳的无障碍立法，都特别强调信息无障碍和可及、可用，而且有很多的创新、突破。我想通过立法、行政的方法，可以推动信息共享，实现信息服务更加可及、可用。

　　第二，您讲到残疾和疾病的关系问题。刚才李剑老师讲到了残疾的模式，在很早的时候，人们把残疾当作一种疾病，认为残疾人是需要治疗、康复的人。社会模式不一样，它是把自身功能缺失看成社会交往过程中所存在的障碍。

张万洪（主持人）：

　　现在有两个问题，我读一下：第一个是赵树坤老师的问题，"上一讲是无障碍环境建设法治问题，是典型的制度问题。理念统领制度，我同意，那么制度对于理念的功能又是怎样的，想听听厉老师的见解。"另一位观众说道，"我是广西一个小城镇的无障碍推动者，也是轮椅使用者，我看了这次无障碍立法，好像对于小城镇没有规定，都是县级以上区域，我感觉如果以后立法的话，对小城镇来说，这是很欠缺的，怎么样推动小城镇的无障碍建设呢?"

厉才茂（主讲人）：

广西的这位同仁在提问里讲到小城镇无障碍建设。因为很多残疾人生活在城乡的最基层，实际上他们的社区周边的无障碍建设对他们来说影响最大。我们强调每一个人都要能够有一个 15 分钟的无障碍生活圈，落实到农村、城乡社区，就更重要了。我在这次的治疗过程中，也是使用电动轮椅，实际上在周边的生活非常不方便。对农村和城乡社区来说，怎么来解决这些问题? 这确实是要纳入乡村建设、小城镇推进和特色城镇引领中的。这次立法实际上也涉及这些方面，农村、小城镇这些地方的无障碍建设，既要体现在对建设的支持上，包括在财政、资金规划上给予支持，同时也要做好监督，因为小城镇很容易把建设之后的管理给疏忽了。

第二个问题是赵老师提的制度和理念的问题。我之前讲的就是"理念优于制度"。优于制度就是说，我们采取什么样的方式来立法、出台政策，要有一个价值理念来指引，从这个角度来说，指导在先。从另一个角度来说，制度本身是有创新的，制度并不仅仅是程序、形式，也有实质创新。它对我们的社会管理、公共服务，也有很多值得总结创新的地方。它会影响到我们的观念，刚才我还讲了一句话，"制度服从需求"。需求是源源不断的，社会需求会引领我们对制度建设在理念上、层次上进行新的考虑。既然是优于，肯定有互相推动的作用。因为涉及社会治理等普遍的公共治理概念，现在也有很多人研究制度经济学、研究服务制度，通过对服务制度的研究来提升服务的理念和价值。所以我想这两者是相互作用的。在我们残疾人领域立法里有一些好的制度建立，实际上对于推广宣传这样的理念，都是非常有价值的。

张万洪（主持人）：

再有一个问题，提问者说，"在追求能力平等的问题上，每个人的能力不同（例如在代偿、能力使用的消长等方面），这种差异是否要保留？"李剑老师，请您回答一下。

李剑（与谈人）：

平等和完全等同是两个概念，能力平等是指在想做的事情方面，可能有真实的自由去实现，但不等于在人生活的所有维度和层面上，都跟别人是同样的、等同的。

厉才茂（主讲人）：

今天我们从文化、价值、哲学角度来思考无障碍对我们的影响，以及我们对无障碍的一些认识。这些方面的问题，有的并不一定可以直接用于实践，但却可以指导实践。有几点印象比较深刻，包括李剑后来的回应。前面也讲到了无障碍环境建设，从这个角度来讲，好像人的要素没有怎么体现出来。但后来在她讲的时候，无论是讲团结、讲能力，都是在说无障碍环境不仅仅是建设一个环境，实际上更是提升每一个人在社会里的能力，实现这样一种平等的目标和价值。我觉得无障碍讨论应该最终引向我们对人自身的关注。这里面的无障碍建设，实际上是两个方面，一方面就是我们也许都是无障碍的受益者，另一方面，我们也都是无障碍环境建设的参与者。今天的讨论从这两个角度出发，大家都来关心无障碍环境的立法，进一步深入推动无障碍建设。

张万洪（主持人）：

两个小时的时间不知不觉就过去了，现在线上会议室有一百多位参会者在线。刚刚收到的数据显示，有 80 多万人次观看了这次讲座。我觉得在科技的加持下，理念的传播对制度的改进是有非常大的作用的。

感谢大家的参与，感谢主讲人、与谈人、提问和评论的朋友，尤其感谢两位出色的手语翻译，有聋人朋友反映手语翻译非常准确。众人拾柴火焰高。解决无障碍环境建设，其实是在关注每个人自身的生活状态。也请大家继续关注我们的无障碍环境建设法大讲堂系列讲座，关注无障碍环境建设立法进程，在立法征求意见期间，希望大家积极提出意见和建议。

刚才受两位老师的刺激和启发，尤其是李剑最后用非常诗意的语言作结，我想起我非常喜欢的北欧诗人索德格朗所说的，"天空苍白，一种遥远的白昼的暗示自远方开始。"我们念念不忘，一定会得到回响！谢谢大家！

第三讲

听障群体的语言服务

（2022 年 11 月 16 日）

主讲人：郑　璇

与谈人：黄　裔

主持人：张万洪

张万洪（主持人）：

　　各位线上线下的朋友们，无障碍环境建设系列讲座第三讲现在开始。我现在在湖北武汉，在今晚的主讲嘉宾郑璇教授的家乡，向大家问好。我是武汉大学法学院、武汉大学人权研究院的张万洪，我戴眼镜，今天穿黑色高领毛衣，因为天气已经有点凉了。讨论无障碍的时候，一个不可或缺的话题就是向聋人群体提供的无障碍服务。今天晚上的主讲嘉宾是来自北京师范大学教育学部的郑璇教授，她也是国家手语和盲文研究中心的成员。她跟我是武汉大学的校友，她曾在武汉大学有过七年的学习经历。在读完本科、硕士毕业之后，她又到了复旦大学学习，她是我们国家第一位聋人语言学博士。之后她长期在重庆师范大学工作，在那里也留下了很多光辉业绩，她创办了著名的译心手语翻译团队。两年前，她又转到了北京师范大学特殊教育研究所。她有很多头衔，比如她是中国残联主席团的委员，曾经担任重庆残联的副主席、重庆市聋协主席、重

第三讲／听障群体的语言服务

067

庆市残疾人福利基金会的理事，还是"感动重庆十大人物"之一，她有非常长的头衔，但最让人感动的就是她在聋人语言服务这个领域的长期耕耘和贡献。我虽然是持证残疾人，但残疾人证上面写的是肢残三级，在各个不同的障碍当中，对聋人这个群体，我是相对比较陌生的。我对今天晚上的讲座非常期待，因为它对我来说可能是开启新知的一个机会。下面把话筒交给郑璇教授。

郑璇（主讲人）：

　　谢谢张老师的介绍，也非常荣幸有机会在线上和大家交流分享。首先非常感谢武汉大学人权研究院、残疾人事业发展研究会。我是武汉人，也是武汉大学的校友，所以今天感觉特别亲切。虽然我现在是在特教学院做听障教育，但我从本科到博士一直在学习语言学，是一个语言学人，所以今天我想和大家分享一下语言服务的话题。虽然我今天谈的是听障者相关的，但我觉得语言服务这个概念，适用的对象是非常广泛的。语言弱势群体包括一些因为年老失能的人，还有一些不会说通用语言的方言地区的人、到中国来的外国人，可能还包括残障者的一些其他障别，比如心智障碍者、脑瘫患者，他们在语言上可能也会有一些障碍。我今天也是抛砖引玉，希望对大家有所启发。

　　首先在《无障碍环境建设法》的草案里，我们看到了很多亮点。非常多残障朋友、残疾人工作者朋友、特教同行都在非常积极地参与。这个草案里有许多条款和听障者是直接相关的，我就不再赘述。从草案里可以看到一个很大的特色，就是系统连续。之前的无障碍概念更加聚焦于硬件无障碍。比如我们普通老百姓，一说到无障碍，可能就想到轮椅、坡道、无障碍电梯，相对来说对信息无障碍、语言沟通无障碍比较陌生。无障碍的范畴其实是非常广泛的，不光包括我们最早认识的设施，还包括信息、服务、技术、理念等，所以我觉得这个新的《无障碍环境建设法》突破了一些传统上的观念限制，让我们能够以一个全新的视角来看待无障碍环境建设。

今天既然是讲听障人群的语言服务，那我们来看一下什么是听障群体。根据世界卫生组织 2021 年发布的《世界听力报告》，全球大概有 4.3 亿人患有中度及中度以上的听力损失，这是一个非常庞大的数字。如果这个趋势不加以改变的话，到 2050 年将会有近 25 亿人患有不同程度的听力问题，其中至少有 7 亿人需要康复服务，所以倡导听力保健是非常重要的。我们也非常高兴地看到有"全国爱耳日"，并且在中国的倡导之下，爱耳日已经成为世界听力日——每年的 3 月 3 日，3 看起来像一只小耳朵，3 月 3 日，就像人的两只小耳朵，这是中国对世界听力保健事业的贡献。那么，听障人士在中国的数量是多少？目前找到的只有 2010 年的一个数字，相对来说比较老了。在全国 8502 万残障人当中，听力残疾人有 2054 万人，但是 2010 年到现在已经有很长一段时间了，也希望有关部门能够尽早更新统计资料。世界上的听障人士数量和中国的听障人士数量有什么不一样呢？其实两者的标准还是有一定差异的。《世界听力报告》对听力障碍做出了不同等级的分类，包括轻度、中度、中重度、重度和极重度的听力损失，还有全聋，另外它单设了一类，非常特别，是单侧的耳聋。这种分类比我们的定残标准要更加细致。根据 2011 年的中国的残疾人残疾分类和等级标准，听力残障分为四级，听力残疾四级是最轻的，一级是最重的，听力残疾四级是平均听力损失达到 41 分贝，其实它已经相当于世界卫生组织规定的中度损伤了。并且，在我们国家的定残标准里，如果是单耳失聪，也就是有一只耳朵听不到，但是另一边是正常的，那么其实是不能够被评定为听力残疾人的，这也是一个很大的区别。所以关于听力障碍的标准，国内和国外是有一些差异的，但这并不妨碍我们说每一个听障者都是有语言服务的需求的，因为我们都存在沟通的障碍。

说到听障，大家可能比较陌生，有些朋友可能觉得戴助听器或开刀植入耳蜗就可以完全解决听力和沟通问题。其实听力测试十分复杂，测听力的时候要到医院去做检查。我就在几个月之前进行了一次非常系统完整的听力测试。我做了四五个检查，医院评定我是听力残疾一级。我的检查结果是一个听力曲线图，声音的频率分为低频、中频、高频，其实每个人都有一个独特的曲线。对听力障碍者来说，并不是声音越大，听得越清楚，而是有部分声音，怎么样也听不清、听不见。听力障碍者在平常生活中往往只能听到关键词，正是由于部分的信息缺失，在交往中就会产生非常大的误会。所以普通朋友在和听障朋友沟通的时候，可能需要重复好几遍，通过重复和让对方复述，确保沟通是准确的、没有障碍的。

现在说一下称呼的问题，我平时看媒体报道也会看到，好多媒体会用一些非常传统的称呼，如"聋哑人""聋哑外卖骑手""聋哑创业者""聋哑老师"等，在听障圈子里头，这些称呼是比较不受欢迎的。我今天也来和大家探讨一下，什么称呼才是比较合适的称呼。我们比较提倡的称呼是"聋人"，特别是使用手语的听障者，我们自己是比较接受这个概念的。对于"聋人"中的"聋"这个字，很多家长会觉得很刺耳。在我们手语使用者当中，对这个字是有重新解读的。杨军辉老师曾经说，其实我们的老祖宗发明的"聋"字，上面是一个龙凤呈祥的龙，那老祖宗为什么用这个吉祥的图腾来表示聋人呢？是不是想给聋人以希望？所以我觉得从"聋"到"龙"非常好。对于一些手语使用者来说，他们可能会更喜欢"听障者"这个称呼，也可以说"听障人士"，所以我现在如果不知道对方是用手语还是用口语，就会统称"听障者"。还有从医疗和法律的角度上来说，也有说"听力残疾人"的，从英语的使用状况来看，我们可以说"Deaf and Hard-of-Hearing"，缩写为 DHH。它涵盖了口语和手语两种使用者，也可以从医疗的角度说是"有听力损失的人"。不太主张的称呼包括"聋哑人""哑巴"等。因为聋人其实不是"十聋九哑"。随着科技、医疗、康复的发展，越来越多的聋人是能说话的、会说话的，而且就算是不会说话的聋人朋友，其发音器官也是正常的，是能够发声的。而且手语是不是语言？它是语言。既然有语言，那么何哑之有？在英语中，很多年之前也会用聋哑这个说法——"Deaf and Dumb"，但是"Dumb"这个词，其实除了哑之外，还有一个愚笨的含义，所以说现在已经不被使用和接纳了。可能有一个概念，汉语和英语不太一样，就是"听障者"。有很多朋友觉得"听障者"很含蓄，听起来很顺耳，但是在英语里，Hearing-Impaired（听力受损）更多是从损伤的意义来说的。所以，在西方的语境中，现在也不太提倡从负面的角度来说，而是更多地使用 DHH。

关于听障人群，我们不能简单地认为听障人群分为口语使用者和手语使用者，这是把多元的语言状态想象得太简单了。我可以给大家数一数，我们至少有四种细分人群，口语使用者、手语使用者，还有像我一样的双语使用者，另外还有一类特殊的，就是从来没有接受过语言教育，也不认识其他聋人的离群的聋人。这样的聋人在我们的祖国边陲还是大有人在的。因为做课题，我去过四次西藏，在那儿，我就看到了好几个这样的聋人，越是偏远的地方，越是有这样的人。所以，从语言的使用状况上面来说聋人至少可以分为四种，是相当复杂的。

从需求的角度来讲，听障人群有哪些需求呢？第一个是应急的需求，北师大是国家应急语言服务团的成员单位，国家手语和盲文研究中心和中国聋人协会手语委也在合作。在这个过程中，我们非常强烈地感受到应急服务需求的存在，因为聋人的障碍就在于语言沟通障碍，所以在应急的情境下，我们就越发难以发声。我们其实是非常希望我们的声音能够被听见的。比如发生一些突发事件、公共安全事件，乃至天灾人祸的时候，这个需求就非常强烈。医疗界也有很多工作者在努力，比如武汉市第一医院有一位叫张勤的医生，他就自学了手语；有一些麻醉师也会提前画一些画，写一些文字，或者用手机沟通为听障病人提供服务；在武汉的火神山医院也有过两位手语翻译助理，一个是南京的陈鑫同学，一个是武汉市第一医院的赵洪玮护士，我们可以看到应急服务需求是非常重要的一部分。

但是，听障需求并不是在这些事情发生的时候才存在的，在平时生活中也无处不在。我特别去想了一下，我们在哪些情景会碰到困难，也给大家科普一下听障者的日常需求。比如说早上起床的时候，我们听不见闹钟，这就是非常现实的问题。我之前在出差的时候，因为一个人在宾馆里面，没有人叫我起床，这种情况下我是头一天晚上洗澡之后，换上干净的袜子，紧紧包住脚，然后把手机放到袜子里，让它紧贴我的脚踝。这样定好闹钟之后，第二天早上，我就能感觉到手机的震动，这是我的方法。现在有了智能手环，我的起床问题就变得比较容易解决了。还有敲门声听不见、水开了听不见、孩子半夜哭闹听不见、一些警报的声音也听不见等情况。还有理发的时候要洗头，助听器是不能戴的，这个时候怎么和理发师沟通？打车的时候，网约车的司机给我打电话沟通，我却听不到。这些对我们来说其实都是问题。另外，我想给大家特别分享的就是"餐桌综合征"。什么叫"餐桌综合征"？这个是国外的学者用来描述听障孩子在家里面，即使是跟家人一起吃饭，也没有办法融合进去的情景。听障者，即使是跟自己最亲的人在一起，都不能顺畅沟通，在人群里面永远是孤独的。所以在国外的研究中，有一个出现频率非常高的词，Isolation，孤立感、孤独感，这几乎贯穿了听障者的一辈子。如果大家能够很好地理解听障者的心理状况，也就不难理解听障群体的一些特征，比如为什么会抱团，这是因为我们可以很好地沟通。日常需求的这些方方面面，我想是需要真正花大力气去解决的一些问题。

下面我们再看人际交往的障碍会给我们听障者带来怎样的心理上的感受。首先它剥夺了自由表达的权利，剥夺了和周围人的联结，让我们感到被孤立，让我们的语言和认知发展滞后，同时也在心理上给我们造成了非常深刻的创伤。但这些是可以改变的，通过什么改变？用沟通来解决"剥夺"这个问题，用融合来解决"孤立"这个问题，用支持来解决"滞后"这个问题，用疗愈来解决"创伤"这个问题，这也是很多聋人教育者和工作者一直想要达到的目标。

刚才讲了这么多，其实听障者在日常生活当中碰到的问题，说到底是语言沟通的问题。做聋教育的都知道，我国台湾省的林宝贵老师是聋生语言教育方面非常权威的老专家，她说过，聋教育的中心问题就在于语言沟通，一部聋教育史就是一部语言沟通的争论史。

面对语言问题，我们应该怎样提供服务？"语言服务"这个概念由我国著名的语言学家屈哨兵老师首次提出，他说语言本来就是工具，我们教科书上对语言的定义即"是人类最重要的交际工具和思维工具"，既然是工具，就是为我们服务的，因此我们要用语言。我国著名的语言学家，也是国家语委曾经的领导李宇明老师，也非常提倡语言服务理念，提倡构建和谐的语言生活，他非常关注特殊人群，几乎在每一次重要讲座和会议讲话的时候都会提到特殊人群的语言服务，都会提到手语和盲文。

语言服务有广义和狭义的区别，狭义的语言服务更多的是指语言翻译服务。很多外界的搞口译的人也在探讨语言服务的相关问题。屈老师还有一本书叫《语言服务引论》，对语言服务的概念系统有一些分类，并做了非常详细的论述，大家有兴趣可以去看。近年来，语言服务产业成长得非常快，它是当代经济最具活力的增长点之一。拿手语翻译这个职业来举例，十年前，我们很难想象，今天竟然有职业的手语翻译员给大家提供服务。这就要感谢我们中国现在的高校培养了很多职业的手语翻译。现代的手语翻译还没有完全走向职业化，但是已经有越来越多的手语翻译专业的毕业生，这是一个非常可喜的进步。

　　再来看听障人群语言服务的价值。语言服务的价值有显性的，也有隐性的。显性的价值主要是它在经济上创造的一些价值，可以盈利或节省成本。比如现在手语数字人、人工智能手语大行其道，其实也是出于经济成本的考虑。可能很多单位觉得，通过人工智能技术可以节省更多费用，这是显性的价值。还有一个是隐性的价值，主要体现在两方面。一方面是对听障者权利的保障。我们要发出中国声音，构建中国特色社会主义人权话语体系，对听障人群的保障就是非常重要的一个部分，也是我们国家文化软实力的体现，我觉得它的价值是非常高的。另一方面，听障人群的语言服务，很多时候不只是听障者受惠，听力健全人也会从中得到很多红利，比如如果电视上有隐藏式字幕，那么很多的听力健全人在不太方便的时候也可以受益。

中国聋人语言沟通方式的体系远比普通人的沟通方式复杂。沟通方式和语言是两个完全不同的概念，沟通包括语言，但又不只是语言。语言如果是指自然语言，即可以作为母语习得的语言的话，那么聋人可能会用手语，也可能会用有声语言。此外，还有一些非自然语言的存在，这其实是语言学的概念。皮钦语是两种语言发生混合的产物——手语受到汉语的影响，变成了皮钦手语；汉语受到手语的影响，变成了皮钦汉语。同时，在教学里可能还会用到手势汉语，就是把一个句子按照词一个一个地打出来，比如说你叫什么名字，他可能会打，"你，叫，什么，名，字"，但这不是聋人朋友日常生活当中所用的语言。我们日常生活当中可能就是，"你的名字是什么"，或者是更简单的，"名字"，一个手势动作就可以完成了。还有半语言、准语言。半语言其实不是语言，但它具备语言的初步特征，比如家庭手势，我们的聋孩子在上学的时候，往往会带去一些家庭手势，但这不是真正的语言。一旦进入高年级，聋生的家庭手势马上就会被改变、被同化。还有非语言，比如我们每天都会用的招手、捏拳头、挥动拳头、跺脚。还有哑剧式的表演，可以借助符号、图画、空间、时间和物品等进行沟通，还可以用辅助沟通技术沟通。我见过一些多重障碍的聋人朋友，他们可能合并了脑瘫、合并了肢体障碍，那么他们就没办法很好地用手语来比画，对他们来说，辅助沟通系统是非常有用的。

再来看一下语言服务的分类，屈老师把主流人群的语言服务分成了四个方面的内容，即语言翻译服务、语言教育服务、语言支持服务、特定行业领域的语言服务。听障人群的语言服务有三个维度，第一个是听能优化，第二个是文字提示，第三个是手语翻译。

首先看一下听能优化服务。小时候我胸前挂着一个红色的布袋子，它是我的外婆用手工缝的。因为我当时戴的助听器，是特别古老的盒式助听器，特别不方便，我要用一根长长的导线连到我的左耳，当时还只有一侧耳朵可以用助听器，所以我就长期只戴一只助听器，导致我的右耳长期没有声音的刺激。本来我的右耳比较好，但是现在已经完全听不到了。除了助听器之外，还有人工耳蜗，现在助听器和人工耳蜗技术都有非常大的发展。现在的助听器体积很小，而且听得很清楚，我现在的听力状况非常不好，但因为长期戴助听器，所以对声音的分辨能力还是很好的。有很多医生、听力师都觉得很奇怪，但这其实是因人而异的。现在耳蜗的植入也是在向两端延伸。对于小孩一般建议 6 个月之后就可以植入耳蜗，老人植入耳蜗也不再是禁忌。对于不太适合耳蜗植入的人来说，还可以尝试脑干植入，这都是对听能的一些优化。在教室里，还可以用 FM 调频系统，让我们听得更加清晰和舒适。在一些公共服务场所，像我国澳门地区的公共图书馆，安装了感应线圈系统，听障者把装置拿起来放到耳边，可以听得更清楚。助听器也有了蓝牙功能，像我现在就是用蓝牙和手机相连，手机里面的声音就可以非常清晰地传到助听器里，我会听得更好。

我们来看一下听能优化服务的优劣和挑战。它的优势主要是我们能够直接用口语沟通，这是很高效、很便捷的，现在科技的发展也让很多的听障者能够补偿或重建听力。上次我去中国听力语言康复研究中心的时候，我问现在有多少孩子的口语能够康复到比较好的水平，领导告诉我，其实还是挺多的，有的孩子康复得非常好，比我的普通话还要好，但还是有一些孩子，康复效果不太理想。早期干预的发展越到位，聋童越可能做到"能听会说"。我认识两个河南的听障小伙伴，他们拿到了普通话一甲证书，因为他们的妈妈是电视台的播音员和主持人，从小就用科学专业的方法教育他们，让他们取得了非常好的口语康复效果，用口语交流也确实可以比较便利地获取社会上的种种资讯和资源。但目前是不是所有的聋人都可以享受听能优化服务？并不是。而且助听器和人工耳蜗不可能把我们完全变成健全人。我们很多时候能听见，但是听不清、听不懂。

曾经有一位植入人工耳蜗的聋人朋友说："一般的情况下，在人少、安静的时候，我们是正常人，但是在嘈杂的时候，我们是聋人，在人多的时候、七嘴八舌的时候，我们就成了局外人。"所以即使有辅具的帮助，也还是有一定的局限。另外，听能优化其实只解决了"听"的问题，而没有解决"说"的问题。语言的康复还要付出艰苦的努力，它是另外一个独立的问题。还有一部分聋人，因为生理特点，比如病变部位在耳蜗的后面，这是听神经的问题，植入耳蜗、戴助听器可能不会有很令人满意的效果。还有一部分聋童由于种种原因，错过了康复的关键期，并不能取得满意的康复效果。

其次就是文字提示服务，现在有很多科技品牌，他们的录音笔、智能鼠标，都是非常方便聋人的，也方便了大家，开会之后可以很方便地把会议内容直接转写下来，不用付出很大力气抄笔记。聋人在学校里，有字幕提示设备，还有警报器，在公交车上面也会看到字幕显示屏。在看手机视频的时候，可以随时调出字幕，这些也是非常方便的。还有在餐馆里面就餐时，如果有一些非常醒目的文字提示，这对沟通是非常有帮助的。文字服务的需求催生了一个新的职业，就是速录师。我个人也非常喜欢速录服务，因为它非常有含金量，速录师打字真的完全能够赶得上说话的速度，而且通常有两个人，一个人打字，一个人修改，能最大限度保证准确性。我们现在开会的时候，也有很多科技辅助，比如今天用的线上会议室软件就非常棒，它有字幕功能，还有手语翻译窗口。聋人在看电视的时候，会需要一个隐藏式的字幕。要做到这个，必须进行行业革命，让每一台电视机出厂的时候，里面都装一个 Decoder 解码器，只有这样才能做到隐藏字幕。我们现在更多看到的还是内嵌式字幕，没有办法控制它的出现和消失。另外还有一个比较新的东西就是字幕眼镜，最近在听障群体里面特别火。

文字提示服务对于我们的听障朋友来说，是非常实用的，因为相当大一部分听障者不会手语。听障范围是连续的，不是从黑到白，它的中间有一个很长的灰色区域。很多用口语的轻度和中度听障者更习惯文字的提示服务，教育的普及让很多的听障者可以直接阅读书面语，并且文字服务还适合更多样的场景，也可以在一些比较嘈杂的情况下使用，并且能够更为精确地表达专业用语和行业用语。但我要强调的是，并不是说手语没办法表达，它是可以表达的，但是手语在中国的历史还非常短暂。19 世纪末期，在山东烟台，出现了中国的第一所聋校，从那个时候才开始有了中国手语，发展到现在也才 100 多年。聋人朋友整体的受教育程度还不是特别的高，需要更长时间的发展，才能产生术语概念，专业用语才能够被固定下来。这也是国家手语和盲文研究中心目前正在承担的非常重要的任务。现在大量的教育资源是用文字形式呈现的，所以如果我们能够直接阅读文字，将会从中受益匪浅。在挑战方面，我们必须承认，并非所有的听障者都能具备良好的读写能力，并准确地理解文字，特别是年纪比较大的听障者可能更吃力一些，并且笔谈交流总是效率比较低下，比较容易让人倦怠，而且在经济上负担也较重。即使有了先进的科技辅具，从语音到文字转换的准确率也有待提升。如果是一个字的话，可能还好一点，但是如果说话者存在语速快、方言重、声音小的情形，就可能识别不清。现在大量的产品只聚焦从语音到文字，很少有从文字到语音，我觉得只有关注两端，才能够把听说的问题同时解决。

再看手语翻译服务，其实可以用手语教学的形式，让健听朋友自己也学会手语。比如现在很多聋人创业的餐馆火锅店会有一些简单的手语教学的海报，让顾客也学一点手语，还有很多地方的电视台纷纷设立新闻手语翻译。还有社区翻译，聋人朋友去办事的时候，手语翻译陪同跟随，这是非常重要的。随着科技的发展，越来越多的远程手语翻译出现，比如冬奥会手语数字人。现在也有一些手语人工智能产品在尝试与教育相结合，比如在南京聋校的一个活动上，学生和手语数字人互动，共同用手语表达核心价值观，这也是非常有意义的。还有聋人手语翻译员的出现，和听人手语翻译员合作，这也是国际上的大趋势。还有，近年来我们国家也有了手语翻译领域的一些译著、教材。中国聋人协会手语委也出台了一些指导性的手语翻译原则、指南，现在还在研制手语翻译的考级标准，这些都是非常有意义的。

我们来看一下手语翻译服务的优势和挑战。翻译服务的优势就在于它充分利用了视觉优势。手语是最符合聋人身心特点的一种语言，是我们学得最快的一种语言，而且也是很多聋人朋友最有感情的语言。我曾经看到过一句诗，它让我深受震撼，它说："如果你砍断了我的双手，我就用双臂打手语；如果你砍断了我的双臂，我就用双肩打手语。"我就在想，如果我连肩膀都没有了，那怎么办？我后来看过一个视频，视频里有一个印度的聋人，他失去了整条臂膀，但他会用两只脚去模仿手来比画。聋人朋友对手语的感情还是非常自然的，也是很强烈的。手语翻译服务是很多不具备读写能力或者读写能力不佳的听障者的首选，特别是年纪比较大的聋人朋友。在真人手语翻译员的支持之下，它的沟通交互性更强，更有人文的温度。我自己曾经享受过一次北京的手语导医服务，手语老师陪着我去医院看病、挂号、拿药，跑来跑去，我觉得非常温暖。其实我跟医生面对面沟通还好，没有那么难，因为是一对一，而且距离比较近，但是他戴口罩，我就没办法看口型，有翻译在场的话，我的沟通会更加的便利。再就是手语翻译服务其实代表了对语言背后文化的尊重，对聋人文化的尊重，让我们使用手语的听障者觉得非常亲切。但是手语翻译服务也面临很多挑战，我自己是从事手语研究的，我在读博期间学的是手语语言学专业，我的导师复旦大学的龚群虎教授是我们国家的手语语言学奠基人。但是，我做了这么多年手语，我也深深感到目前我们面临的挑战还很多，第一，从数量上来说，我们现在只有少数高校培养手语翻译人才，供不应求。第二是质量上，会手语、学手语翻译专业，不一定就是一个好的手语翻译，当前手语翻译服务的质量还普遍无法完全满足聋人用户的期望。第三是我们国家的手语翻译行业还没有完全走向职业化，缺乏行业规范和有效监控，没有行业协会，而且职业的声望也没有建立起来，薪酬也非常不对等。在公共资源分配当中，有时候也存在一些诉求的冲突。比如对手语翻译画面的大小调整、字幕与手语的重要性存在分歧等。还有一些问题，当前我们中国手语的词汇系统还不完善，有很多的新词有待手语语言学介入，并开展日后的研究和推广。另外，手语翻译毕竟是翻译一种语言，它必然会带来信息的损失和变形。

再看一下手语翻译的一些行规，手语翻译和字幕应该同时提供，手语翻译员应该有资质，手语翻译应该做译前准备，不能临阵磨枪。包括今天的手语翻译同学也是在事前就有准备的。另外，手语翻译应该连续工作二十至三十分钟就轮换一次。我们也非常鼓励聋人朋友去做手语翻译员，可以通过接力翻译促成合作。手语翻译员的着装应该简洁，穿深色净面的衣服，让衣服的颜色和肤色形成反差，站位应该靠近演讲者，不站在光源的前面，方便观众观看。另外，还应该遵守职业伦理道德规范。虽然现在我国还没有正式发布规范，但可以参考有声语言翻译的伦理道德规范。最重要的是，手语翻译员应该具备一颗"Deaf Heart"（"聋之心"）。因为听障人群是社会上的少数人群，一个相对的语言弱势群体，所以和有声语言翻译还是有区别的。国际上手语翻译画面的大小尺寸相关规定，在世界聋人联合会发布的文件里有阐述。比如在应急资讯传播时，屏幕上的手语翻译所占的空间应该不小于整个屏幕的六分之一，这是一个比较适合电视新闻播报的数字，这也是值得我们参考和借鉴的。

然后再说一下通用设计理念，这也属于无障碍的范畴，但对很多朋友来说可能比较陌生。Deaf Space 就是适合聋人的空间，比如美国的加劳德特大学，在这个聋人大学里，有很多建筑方面的小细节都适应聋人朋友的需求，比如座位是 U 形的，让学生之间可以很方便地互相看到，老师也可以便利地看到每一个同学。在走路的时候，过道、走廊会设置得比较宽，让两个人在一边走一边用手语沟通的时候，能有足够的空间。并且学校多使用坡道，少使用台阶，避免聋人因看脚下的楼梯台阶而分心。很多地方会用透明玻璃，让人的视线一览无余，非常有利于视觉语言沟通。还有环境颜色也非常淡雅，跟肤色形成鲜明反差，有利于手语沟通，聋人在这个环境里能非常平和自在。

还有一些语言服务的趋势，比如婴儿手语在国际上已经比较火了。有非常多婴儿手语的英文书，也有几本被引进到中国来。但遗憾的是，它们都是基于美国手语的，还没有看到中国手语的。我会有一本学前儿童的手语绘本的教材出版，也欢迎大家尝试用中国手语进行学前教育，同时它也可以作为普通孩子的早教益智工具。还有应急手语，我们现在做国家应急语言服务团相关工作，就感觉应急手语真是太重要了。我看到有一位朋友提问，如果是听不到又看不到的盲聋人，怎么办？其实可以通过触觉手语来沟通。目前，手语翻译员可能因为某些原因没办法去现场，所以普通的、常规的触觉手语还没办法直接使用。国外也有很多研究者在关注盲聋人的沟通权怎样保障。还有易读文本，对书面语不太好的聋人朋友、老年聋人朋友是非常友好的，同时它也可以帮助一些其他障别，比如心智障碍者。把汉语简化，做成简明汉语、配合生动的图画，可以让他们更好地理解。此外，国外有很多与心理健康、性教育、医疗相关的手语成果，我们也在学习借鉴。

再看一下校园沟通无障碍。一方面我们可以通过字幕输入、手语翻译给随班就读的听障孩子提供支持，同时也可以发挥聋人教师的作用。科技在其中也有所贡献，在聋童阅读绘本的时候，曾有公司推出通过手机扫描方式打开动画小人为图书打手语的辅助阅读 App，让书面语更加容易地通过手语的方式被聋孩子所理解和学习。

再讲到职场沟通，像星巴克的"无声咖啡师"，还有一些聋人创业的公司。很多公司在努力地招聘残障员工，并为他们提供比较好的无障碍支持。

做一个简单的小结。听障群体语言服务是非常重要的，事关这个群体的生活质量和生命福祉，但这个群体又是非常多样的，这决定了语言服务必须是多元的。但是，不管是用手语的人，还是用口语的人，或是双语都用的人，其核心诉求都是一样的，那就是希望有更加顺畅的沟通，渴望和外界连接，希望被了解，不希望被误读。具体要哪种语言服务是因人而异的，受到诸多因素的影响，需要更加细致的设计、更加人性化的服务。对听障群体来说，语言服务不仅是应急情景之下的事情，更应该成为日常。听障群体语言服务整体呈现出设计、设备、技术、服务交融的态势。听障群体的语言服务，不仅要让我们听到看到，入耳入眼，更加要让我们入脑入心，我觉得这是我们在追求高质量语言服务时必然要思考的一个问题。

我也提出一些个人建议。一是优化顶层设计，优化语言政策和语言规划，以法律法规的形式保障语言权的实现。二是发挥政府的主导作用，多方携手，共同搭建一个语言服务平台。三是理论指导促进学科发展，保质保量培养听障人群语言服务人才，这也是高校面临的课题。四是赋权听障群体，聋听携手共建信息无障碍和沟通无障碍事业。"没有我们的参与，就不要做关于我们的决定"，今天有很多的聋人朋友自己来"听"讲座，关注相关的问题，我相信残障群体的声音正在被大家所听到。我们要对科技、对技术有更开放的心态，拥抱科技的进步，以数字包容、公益向善的战略打造一个美好的无障碍世界。

最后用两段话作为今天的结语。第一段话是我国台湾省的林宝贵老师说的。她说，如果能通过教育使所有的聋人变得不聋不哑、能听能说，与常人打成一片，那么手语真的没有存在的必要。但实际情形并非如此，听障给一个人造成的生理和心理障碍，无论当事人如何聪明、优秀及努力，都无法复原。像我这样，有很多人觉得我和一般人没区别了，但是我知道，还是有区别的。手语对我来说，有更大的意义，不只是沟通的工具。我可以用口语沟通，但手语对我的身份认同、归属感、心理支持、自我价值感的实现是非常重要的。我非常乐意学习手语、使用手语、研究手语，聋人学口语是很难的，但他学会手语就像候鸟千里返家乡，自然而平常。我们的亲人朋友学习手语，能学多少并不重要，重要的是通过手语的学习加深互相的认同感。第二段话，是南非的前总统曼德拉说的。他说，如果你用一个人听得懂的语言和他交流，他会记在脑子里面。但是，如果你用他自己的语言跟他交流，那么他会记在心里面。所以也就是前面所说到的，不仅要"入耳""入眼"，最重要的还是要"入脑""入心"。

好的，这就是我今天给大家的分享，再次感谢大家，也请大家批评指正，谢谢。

张万洪（主持人）：

感谢郑璇老师用了 70 多分钟的时间给我们讲了"听障群体的语言服务"这个话题。既谈了服务，也覆盖了产品、技术，而且我非常赞赏的是态度、意识的问题，所谓的"入脑""入心"，就是态度和意识。最后还提出了结论和建议，非常完整，非常全面。在讲座开始的时候，我说我对聋人群体了解得比较少，所以今天的讲座对我来说也是大开眼界的一堂课。刚才郑璇老师有句话给我很多鼓励，她说如果失去双手，就用双臂来打手语。因为我手受伤了，我对手语非常忌惮，这对我来说是非常大的鼓励，我后面也会勇敢地去学习手语。

现在有请今天的与谈人黄裔博士。黄裔博士接受过完整的法律教育，本科、硕士、博士阶段都是学法律的，她在博士后阶段勇敢地跳出舒适区，在深圳大学中国特色社会主义先行示范区残疾人事业发展研究中心从事博士后研究。她在珠三角地区非常有影响力的深圳市自闭症研究会担任理事长。她现在在国外访学，游学期间接受邀请，跨时区给我们做一个点评和与谈。有请黄裔博士。

黄裔（与谈人）：

谢谢张老师的介绍，也谢谢郑老师非常精彩的分享。我也很感谢张老师邀请我参加这场讲座，我做残障权利研究差不多10年了，在这个过程中跟不同障别的朋友有过交流，但确实对聋人群体还是相对来说比较陌生的。今天在郑老师的分享里我也学到了很多东西，真的是比较开眼界的。我选择做郑老师这一场的与谈人，其实跟我现在服务的群体有一些关联。我现在在深圳市自闭症研究会，我们机构主要服务的群体是心智障碍人士。对聋人来说，人际交往障碍是一个相对共性和显性的障碍，是这个群体共享的一种经验。在心智障碍群体中，人际交往也是一个共性的障碍，所以这是我当时对这一场讲堂特别感兴趣的原因，我觉得这是我们可以有更多对话的问题。刚才听完郑老师介绍之后，我觉得虽然听障群体与心智障碍群体共同面临着障碍，但背后的原因、经历是非常不同的。郑璇老师的分享让我觉得，对于听障群体来说，郑老师已经找到了一扇门，可以通过理念、技术和服务给他们很多支持。但是对于心智障碍群体，至少从我自己的经历来说，我还没有找到那扇门在哪里，因为有一些心智障碍者，他不跟你说话，或者有可能他会说话，但是你不是很能理解他在说什么。我们很多时候也不太知道为什么他不跟我们交流。坦白说，我做研究和服务到现在，都还是在这样一个状态，很多时候我们需要花很长很长的时间才可以知道他说这句话是什么意思、他做这个动作是想反馈什么。这是我自己在工作、在整个语言沟通，还有在这个社群人际交往的一些经历上的观察。我提前思考关于语言服务问题的时候，更多思考的是，我们说的语言，它在我的日常生活和社会生活里面扮演的是一个怎样的角色？

首先，语言是一个获取、使用和交流信息的工具，《无障碍环境建设法》的草案里也特别强调了工具维度。如果进一步说，语言也是记录、传播文化的一种载体，同时它也非常强烈地参与了身份认同的构建。不只是在聋人社群、心智障碍社群中如此，其实每一个人的语言和他的身份认同都有非常强烈的关系。在我的服务里，我观察到有时候语言在整个权力关系的形成里面扮演了很微妙的角色。在心智障碍服务之前有一个需求评估环节，很多时候评估的结果是直接跟心智障碍者的语言表达能力挂钩的。因为我从事服务比较久，逐渐发现，有一些青年其实各方面都挺强，但他不怎么说话，所以他经常在评估里非常吃亏，他会被认为是能力很差的。如果我们只看评估结果，他就有可能会被某一些服务或活动排除在外。我非常认同刚刚郑老师说的，语言是一种权利，但在这个过程里，好像语言又变成了一种义务和资格，好像一定要具备语言的能力，才能有一些社会参与。跟这个相对应的另外一种观察，就是有一些青年，他看起来很会说，但他的理解能力未必那么好，有一些人不怎么说话，但其实什么都明白。在一些服务和活动中，我们就会发现会说话的人有时有点吃亏，因为别人会预设他的能力是更好的，所以对他需求的关注就更弱一些。反而不说话的人会得到更多关注，而他的理解能力又比他表现出来的好，所以他的参与度反而高于那些比较擅长说话的人。这个过程里，我们就会看到语言和参与环境以及别人对心智障碍群体的认知等，所有因素之间形成了非常复杂的互动关系，这个互动关系最终表现为一种不一样的权力关系。

落实到语言服务这一点，语言服务在所有的这些维度上可能扮演什么角色？我们在工具维度上有一些比较直观的理解。除此之外，在文化维度上，在身份认同的构建上，以及权力关系的形成和互动的过程当中，语言服务可以去扮演一个什么样的角色，或者我们应该希望语言服务去扮演一个怎样的角色，这是我在自己的服务和研究中有一些思考的地方。

因为我们机构是不太擅长提供语言服务的，所以我们更多的尝试是集中在尽可能让语言不要成为门槛，不要成为一个可能把心智障碍者拦在外面的东西。我们更多关注语言跟这个人的沟通和表达之间的关系，就像刚刚郑老师说的，沟通和语言是两回事。更多的时候，我们只能去反思语言在这个过程里扮演的角色，怎么样让语言成为助力，而不是阻力。

这也是我想和郑老师探讨的一个问题，语言服务最终的目的是什么？在我读硕士的时候，听说过一个至今我都觉得非常有启发的事情。我在英国利兹大学读硕士的时候，学校有残障交流项目，当时有一个乌干达的女生，她跟我们分享她小的时候通过身边的人构建的社会支持：妈妈的朋友们的孩子从小跟她一起玩，她作为一个盲人，是在一个有同伴支持的环境中长大的。她还分享道：在他们学校里有一个聋生，学校给到的支持是大家一起学手语。这件事情在当时给了我很大的震撼，因为这是我第一次意识到，为一个人或者一个群体提供支持，那个支持不一定是落到他们身上的，解决方案可能不是给他们配一个手语翻译，而是我们一起学手语。

郑老师在做手语教育，这一点我觉得非常具有鼓励性，可以看到手语语言服务在一些先辈的推动下，已经慢慢从单向的服务变成了双向的。这一点在有声翻译中是很明显的。我们如果看有声翻译，会很明确地知道这个翻译是在支持双方的，不会觉得它是其中某一个人的翻译。听障群体的语言服务以后应该也会朝这个方向走。我们慢慢会看到，服务是服务双方的或者是多向的，而不是在服务某一方。

当然还有更加深入的，所有针对心智障碍者的支持，其最终的目的是让他们参与或融入社会生活中。在这之前，更加直接的是，让他们获取信息知识和资讯，更进一步，不只是支持他们获取，也支持他们生产。这一点在刚刚郑老师的一些例子中，已经可以看到一些雏形，比如聋人教师的参与，包括聋人研究者、听力障碍研究者在各个行业的参与。最终的服务目标都不仅限于获取已用其他形态的载体记载的东西，他们可能也参与到知识、资讯、经验的生产当中。如果落到心智障碍群体，很多时候我们和他们之间无法互相理解，所以我也希望，对心智障碍者的语言沟通相关服务，最终能促成的不只是使他们能获取资讯，也包括使他们能加入这种资讯生产中。或许有一天能够有这样的支持服务，让他们中的一些人成为一扇门，让这些支持者可以知道这个群体更多的经验和他们想要什么、他们的需求是什么。

另一个部分就是更大的目标，参与和融入社会。除了让他们参与和融入这个既定的社会里，有没有可能让他们参与到对未来社会的建设里？对心智障碍群体，我们的探索也是这样。我们经常会做一些宣传片，宣传片的形态通常就是有几个社群代表对着镜头说一些话，号召大家支持心智障碍群体。对心智障碍者来说，这是不是有点不合理？他们并非所有人都那么会说话，也不是所有的人都那么擅长对着镜头说话。我们会做一些尝试，去拍一些其他宣传形式，不搞这种说话形式的，而是拍他们的生活，或者让他们以自己想要的方式来呈现出他们的状态，然后把这个传播给公众。这背后也是希望他们可以更多地用他们的方式参与世界的构建，而不是用一些额外的东西变得更兼容。当然在这个点没有达成之前，额外支持肯定还是需要的。我们希望无论是语言服务，还是更广义的沟通服务，最终能够实现更大的目标，跳出它在工具维度上的角色和功能。

我们可以看到语言，它在工具性、文化性、身份认同，以及权力关系构建这四个维度上的角色。我想和郑老师沟通的是，语言服务或者沟通服务在这四个维度上有怎样的区别和关联？我看评论区有很多其他的人想要和郑老师交流，所以我暂时就说到这里，留更多的时间给大家交流，再一次感谢郑老师今天的分享。

张万洪（主持人）：

谢谢黄裔博士。黄裔博士在做与谈之后，也提出了一个问题，我们先有请郑老师回应。然后再开放一般的提问或者评论。

郑璇（主讲人）：

非常感谢黄老师刚才的这些点评，我也学到了很多，因为我们是不同专业，不同学科背景，这种跨学科的对话，对我来说也是打开了一个认识世界的新的窗口。语言是我们最重要的交流工具和思维工具，但它不只是工具，它承载了更多的东西，是我们文化的维系、身份认同的象征。之前有一句话，哲学本身就是怀着乡愁的冲动去寻找精神家园，我觉得语言也是我们怀着乡愁去寻找的一个精神家园。我之前在武汉大学人文科学试验班读本科的时候，有幸听到很多武大非常出色的老师讲人文科学，讲语言学、文史哲、艺术，让我受益匪浅。我们也在思考，在当下这样一个时代，我们对于很多语言的情结，我们会如此眷恋方言，如此眷恋我们的民族语言。如果你是一个少数民族的朋友的话，可能会特别地为濒危语言惋惜。我觉得这是很多做语言学研究的朋友的感觉。

不管是研究手语，还是研究方言、民族语言，甚至做国际中文教育，都会有类似的感受。中文在国内是非常强势的，是主流的，但是在国际上它处在相对弱势的地位，语言学界其实也非常有共鸣。我想，手语对我来说最根本的职能并不是工具，而是我要去寻找自己的同类人的标识，我必须先把我的根扎在这个群体里面，然后再在这个基础上跟普通人融合。

我在读博士的时候，先是做的所谓的本体研究，我们老师当时也跟我们说，大家要做本体研究。但是毕业之后，我还是特别想改变一些什么东西，想把我所学的知识用到这个领域，我特别希望聋人朋友能够作为一个平等的成员参与社会，共享人类文明成果，充分地就业、发挥潜力，成为社会的参与者和建设者，去创造价值。做手语研究，现在从应用的角度来看，不光是语言学和特殊教育学的事情，还要吸纳方方面面的学科营养，比如心理学、社会学、人类学、法学，还有自然科学等等，和不同学科对话。

刚才黄老师更多的是从心智障碍者的角度来讲，我也想到，目前对心智障碍者，一些国内学者是从病理语言学角度来进行探讨的，研究他们的语言特征、表现，还有很多的特教工作者也会研究对他们语言的干预、训练和支持。但是仅仅这些是不够的，我们需要对心智障碍者有更多更深的解读，走近这个群体，真正了解他们，所以我们需要一个大的沟通科学。它不是一门课所能涵盖的，不是一本教科书能够写完的。

因此我只能期望有更多人去关注、去了解、去学习残障沟通知识，去克服沟通障碍，让所有的语言弱势群体，甚至普通的语言使用者都能得到充分关注，每个人都享受所需要的语言服务。

刘明（观众）：

我是华东师范大学教育学部特殊教育学系的刘明。郑老师讲了很多听障人群的特点，我有很深的感受。讲到表达沟通，有表达和接收信息两个方向。所以，这里谈它的功能，更多是说能够融合到整个人群中。这一方面是为了方便生活，另一方面是为了实现每个个体的基本权利。我在美国进修时，特殊学校有个小朋友叫弗莱德，他是一个盲聋小朋友，他虽然没有任何言语，但每次见到他的时候，他都会冲上来跟我打招呼。一开始他只会跟我握手，但为了让他更好地表达自己，慢慢地老师们就会教他拿着写了"hello"的卡片给我看，或者用他的辅助工具点一下

"hello"替他发声，所以他和每一个见面的人都可以沟通。其实从某种意义上来说，他还可以表达更多，比如他需要什么东西、现在什么心情。另外，我到哈佛大学的时候，正好一幢宿舍楼发生了火灾，喧闹的同时，看到楼门的正上方有一个很大的红色的指示灯，这个红色的指示灯在狂闪，同时还有一点震动效果。这就是为听障人服务的，提示听障人这里发生了火灾，要迅速撤离。我觉得这都是非常有用的。包括我参加盲聋人争取自身权益的一个大会，在这个大会上，几乎每个聋人都有一个相应的手语翻译为他提供支持，与此同时，语音信息是不断的，因为大多数参会者都是听力健全的人士，另外，文字的提示信息呈现在大屏幕上，也持续不断。所以，如果各种各样的支持能够同时提供的话，可以有更大的收获或更好的融合状态。

刚才提到，听障人的听力状况是多样化的，不同频率、不同响度造成的听力效果不一样。与此同时，因为我自身是一个视障人，我主要在做视障相关的研究，视障人群也是非常多样化的。从每个残障类别的角度都会有各种各样的情况出现，需要的支持也是多种多样的。在这个基础上，我想听障人群内部要团结，各类型障碍人群之间也应该团结，共同合作，一起来努力做好为大家谋福利的事情，为我们自己，也为更多的人。谢谢。

问题一：

聋人和听障伙伴在融合教育社交或者普通社交的环境中，提出自己是聋人或听障者之后，被排除在社交之外，这种情况如何打破，如何引导环境变化？

郑璇（主讲人）：

首先感谢刘明老师刚才非常具有启发性的评论，我昨天晚上和一个肢残小伙伴交流，他是脊髓损伤者，我非常惊讶地发现，这个群体也是非常多样化的，他也一直在强调他们群体的多样化。我觉得每一个群体都非常值得我们关注，每一个人都有高度的个性，每个人都是独一无二的存在，所以我非常赞同刘老师所说的观点。再就是对刚才观众提问的回应。有时候在我们把自己的听障情况告诉对方之后，还是无法参与他们的交流。我们希望有更好的沟通，但是在说了情况之后，对方反而会有种种顾虑，可能怕伤害我们，反而变得更加束手束脚，这是非常常见的现象。我想说的是，第一，我们在交际中应该有一些策略。比如在外面打车、买东西、和陌生人交谈的时候，我会第一时间告诉他我的听力状况，并且很直接地对他提出要求。第二，有时候我们也要主动发挥主观能动性，选择适合自己的沟通方式。比如我比较习惯一对一的沟通，我可以主动避开很多人的场合。第三，善于向外界寻求帮助。有时候我们不能融进去，不是我们的责任，不要责怪自己。很多时候，我们也要接纳这样一个现实：我们是听障者，有语言沟通障碍。即便我现在跟大家沟通基本不是问题，但我有时候还是会觉得有些孤单。走到现在，我在某种程度上已经和自己和解了，我并没有期望我完全像一个听力健全人一样，能听能说、非常善于交际、有很多的朋友、永远不孤单。这是我个人的一些心得，借此和您分享。

问题二：

手语翻译的市场缺口大，水平参差不齐，如何弥补？有没有正规的手语翻译证书？

郑璇（主讲人）：

确实，翻译不到位会产生非常严重的后果，比如：挪威曾经有一个聋人，因为翻译的问题蒙受冤屈，坐了二十多年的牢。挪威政府专门给他立了一个雕像纪念这段历史，提醒我们一定要注意司法公正，在司法中保障聋人权益。据我所知，中国聋人协会手语委也正在和厦门大学合作，研发手语翻译的等级测试标准。另外，国家手语和盲文研究中心目前也正在研制通用手语的水平考级标准。这其实是两个不同的考核体系。首先要会手语，如果有兴趣做翻译的话，在这个基础之上再去提升，翻译是另外一个考核体系。这两个目前都正在做，但是到落地可能还需要等待一段时间。我们将会在之后的长期实践中一边检验、一边优化，我们可以共同期待。

还有观众问机器识别手语的发展问题。其实人工智能手语有两个方向：一个是数字人，就是所谓的生成；另一个是手语识别。这两个方向都很重要。我唯一需要强调的是，这个过程中必须有聋人的参与，有手语语言学的理论指导。不管是手语识别还是手语的生成，背后都必须有一个非常专业、非常扎实的手语语料库来支撑，如果没有语料库，单靠计算机科学的发展，是很难做的。

还有观众问：手语和聋人文化怎么样被大众所接受？怎么样把它作为一种符号，能赋予更多的符号价值？这个也是我们在努力推动的。我之前做了很多事情，比如出书、参加活动、参与项目，这都是能让手语"出圈"的。手语"出圈"是为了听障群体受到更多的关注。受到关注总是好的，第一步是从无到有，第二步是从有到优。

最后一个问题：听障群体语言服务怎样在政策规范与社会交流层面解决现实困难问题？我觉得这是中国聋人协

会面临的一个课题，协会大有可为。我本身作为一个高校教师、一个研究者，做的更多的是理论层面的探索，但真正要落地，要跟聋人朋友相联结，实实在在地为他们解决沟通障碍的问题，还真的要看残联系统，靠专门协会去实实在在解决这些沟通的困难。全国各地有一些协会做得非常好，比如湖北省聋协做了不少活动。如何推动听障，包括有其他需求的残障人士语言服务的社会融合？我觉得还是要在理念上出新。现在其实有很多弱势人群，不光是听障，还有其他的少数群体、弱势群体，都有需求，因此，现在要想有一个公正的蛋糕，最根本的办法还是把蛋糕做大。如果能从根本上解决这个问题，以及整个社会的理念问题，不管是什么样的残障群体都能够得到比较公正、平等的对待。边远地区的聋人，如果没有上过聋校，身边也没有聋人朋友，不太可能习得真正的中国手语，他们会自己发展出一些简单的手势符号，我们把它叫作家庭手势。这种不是真正意义上的语言，属于泛语言和准语言。所以说，聋人朋友真的要解决语言沟通这个问题的话，还是必须接受教育，和人打交道，和其他聋人接触，接受早期干预，这是我从语言学角度的回应。

张万洪（主持人）：

谢谢郑老师的回应以及非常丰富的互动。天下没有不散的筵席，我们前两次都是准时在 21：30 结束，今天由于郑璇老师的强大号召力，很多听障朋友、聋人朋友也来参加讲座，所以我没有打断。我在这儿突然想到罗大佑的一首歌《盲聋》，这首歌的歌词以晦涩难懂而著称，但是它前面一段是"我知道你听不到我的歌声，你也看不到这世界，也许你不了解有多少愿意关怀你的人们，或许你早已适应了黑暗的生存，或许你不愿接受同情的滋润"。我想说，残障社群的朋友们，尤其是聋人，也许听不到我的歌声，但希望有一天我能够学会手语，为你们"唱"一首歌。郑璇老师也一直在用手语教人唱歌，在国庆的时候，她就教我们唱《我和我的祖国》。感谢郑璇老师，感谢与谈人黄裔博士，还有出色的手语翻译，为我们提供了聋人和健听人之间的沟通，还有我们的字幕老师，向他们表示衷心的感谢。我们下周再见。

第四讲

平等参与原则下的无障碍和合理便利

（2022 年 11 月 23 日）

主讲人：崔凤鸣

与谈人：陈　博

主持人：丁　鹏

丁鹏（主持人）：

尊敬的各位参会者，包括线上会议室里和通过直播观看本次演讲的各位参会者，大家晚上好，我是丁鹏。我是武汉大学人权研究院的兼职研究人员，也是残疾人权益保障专业委员会的秘书。今天我受张万洪老师的委托主持无障碍环境建设法大讲堂的第四次讲座。

我们非常有幸请到了哈佛大学法学院残障项目中国部主任崔凤鸣老师。她现在还在美国，时间是早上 6：00，非常辛苦。谢谢崔老师，辛苦您带来这么一次演讲。演讲的题目是"平等参与原则下的无障碍和合理便利"。熟悉崔老师研究成果的人可能知道，近些年来，她不仅直接参与跟残障有关的一些项目政策的倡导，还在残障平等领域有很多重要的著作发表。2020 年 12 月，她已经就残障平等视角下的无障碍、合理便利发表过文章，大伙有兴趣也可以找相关文章阅读。

在前几次演讲中，我们请到了不同学科的专家学者，就《无障碍环境建设法》的草案、立法过程，以及无障碍议题下面的手语等专门议题进行过分享。之前已经有专家学者提过，无障碍环境建设中很重要的议题是提供合理便利，国内也有一些相关的尝试和立法。相信崔老师今天的分享，可以帮助我们从国际法的视角以及中国实践的角度去理解无障碍环境建设和合理便利的关系，以及它们如何相互促进，共同实现残障人的平等参与和社会融合。

我们还请到了澳门科技大学的陈博老师与谈，陈老师也非常熟悉残障权利和《残疾人权利公约》。这两位老师具有法学背景，但整个大讲堂有社会学、语言学等不同学科的专家学者，今天这一讲会偏法学的视角。接下来我就把时间交给崔凤鸣老师。

崔凤鸣（主讲人）：

大家晚上好。特别感谢主办方给我的宝贵机会，就我关注的领域给大家做一些分享。我今天的演讲背景是残障研究和国际法的交叉，大家从我的标题也能够看到我侧重于什么。前面三讲的老师侧重于无障碍方面，厉才茂老师在演讲中提到了合理便利问题，因为时间关系，当时他没有展开。当时在听厉才茂老师演讲的时候，我就在想，另一个侧面能由我完成，也欢迎大家对我的演讲提出批评指正。希望能够引起同时关注无障碍和合理便利的各位专家学者的学科对话，从不同侧面为所关注的议题带来不同的视角和碰撞。

各位都非常熟悉联合国《残疾人权利公约》，还有世界知识产权组织的《马拉喀什条约》，其中《马拉喀什条约》要求成员国为阅读障碍者提供合理便利支持。接下来我所讲的内容多数情况下直接对应的是《残疾人权利公约》。以前学术讨论侧重于《马拉喀什条约》中要求的无障碍情况，比如盲人图书馆，对于有阅读障碍的人群能够提供无障碍的帮助，我这里特别强调的是合理便利的用处。

关于"平等参与原则下的合理便利"，可以从两个方面来理解：第一，合理便利和无障碍的宗旨是实现平等参与；第二，无障碍和合理便利的开发和促进，离不开平等参与。对这一点，即便是在国际范围上都强调得不够。因为专家学者、残障社群的朋友们，对于残障群体如何享有权利、承担义务，普遍存在理解不足甚至理解负面的情况。还有无障碍、合理便利的开发与促进，是否真正能够让社群受益、符合个体需求，这需要业界足够的重视。无障碍和合理便利的核心目的是实现平等参与，但它们并没有停止在这一点。无障碍和合理便利作为平等参与的一个前提和基础条件，它们的最终目的是帮助残障群体实现各项基本权利的保障。所有群体应当享有的权利都离不开合理便利和无障碍的共同作用。我印象特别深的是厉才茂老师在演讲中提到，无障碍不是一个独立的权利，我深深认同。无障碍和合理便利作为实现其他各项权利的前提和基础条件，它们本身是不是独立的权利，在后面我会进一步说明这一问题。此外，无障碍和合理便利两者都是平等参与的必要条件，缺一不可，这是我今天演讲的中心。前面各位老师对无障碍的作用已经说得非常全面，合理便利也是平等参与的必要条件，和无障碍结合起来就能够完成平等参与愿望的实现。

首先，无障碍的发展对平等参与的依赖。第一，平等参与既来自残障群体自己的诉求，同时也涵盖他们的权利和义务，这个诉求得到联合国和许多相关国际组织及其他各方的支持。第二，平等参与要求包括无障碍建设在内的残障事务决策和实践应基于残障人发展的需求和特点，而残障人的参与和意见表达是保证他们的需求和特点被了解的最好途径。第三，参与式的无障碍开发和创新可以促使无障碍系统建设关注人的多样性和差异性，避免主流主导的系统设计现象，从而消除系统内在的偏见和排斥所导致的障碍。第四，无障碍政策导向和实践有利于社会的发展，这有赖于无障碍建设过程中的平等参与。

其次，我将探讨《残疾人权利公约》下的一些基本概念和原则。第一，对"残障"的认定到底意味着什么，以及在"残障"这一概念的认定和理解中，其背后的社会框架所起到的作用。在过往的学术讨论和实践过程中，可能会觉得对于"残障"这个概念认定的意义并不重要。但对于"障碍"的认定存在责任的归属问题，对这一问题，我主要从责任归属和提供支持、提供保护之间的关系方面进行一些简短的说明。平等参与基本上表达的是不受功能差异和其他因素限制的原则，也就是说平等参与是人与生俱来的权利和义务，任何功能差异和其他因素都不构成对平等参与的限制。同时，在《残疾人权利公约》中，交流语言、通用设计、基于残疾的歧视等概念的界定，和我今天的话题比较相关。

对于"障碍"的认定，涉及责任的归属，如果从个人层面、个人责任方面来认定残障，那么责任的归属就归于个人，即自己要为自己的障碍负责。而社会仅需从慈善、公益角度，对残障人群给予关怀、关心即可。而如果从社会和文化框架、制度框架来认定"障碍"的话，那么解决残障问题的责任就归于社会。也就是平等参与，在权利和义务的实现不受任何功能差异的限制的情况下，社会为了让有特定的功能差异和障碍的群体能够平等地参与社会、能够行使和享有各项基本权利、能够履行他们的义务，社会就应当提供他们参与社会的支持条件。对于残障的认定，不是一个简单的名称问题，它是障碍归向于什么方面和责任归属的问题。而将其认为是一种个人责任，就走向了能力主义与刻板印象的偏见。

为什么要在今天讲座当中提到能力主义？我将目前残障研究中对"能力主义"的界定进行了总结，其是衡量人的能力、健康、效率、美和生命价值等的综合性的歧视系统。我们应该去关注残障人士的能力，对这一点所有人都不会有异议，但这个问题背后存在的核心在于，如何去界定这个能力。能力主义对于我们对能力界定的影响、对健康界定的影响、对效率界定的影响，是非常非常深远的。对于效率界定的影响，从工业化以来慢慢地越来越严重，因为工业化特别注重比较具体的数字表达。一个具体标准的达成，对社会所产生的影响，对于一些不能用数字来表达，不能用成绩等具体可视的东西来表达现象的忽略程度越来越严重。它导致的一个最严重的现象就是，当残障这个问题在社会上受到一定程度的关注，它涉及一些利益的过程时，就容易给我们一个错觉，让我们认为我们很关注残障权利保障问题。但这样的假象，对残障权利本身起到了非常负面的影响，这是能力主义给我们所带来的影响。能力主义的影响对象不光是残障群体本身，其对于非残障群体的影响也是非常非常深远的。它只不过是在残障者身上有多重叠加，而且合理化地被存在、被支持，甚至通过制度的建立被再次合理化。能力主义所导致的刻板印象在残障领域造成了偏见与公平的缺失等很多问题，所以残障意识的提升在能力主义的影响下显得尤为重要。

关于交流语言和通用设计，我的分享不过多涉及。对于交流，能力主义对我们的影响可能在于交流是一定要说话的、要被看见的。但在《残疾人权利公约》框架下提出了各种各样的交流方式，正如《残疾人权利公约》序言第五条所说，对"残障"的定义提出的原则一样，是一个演变中的概念。所以"交流"其实也是一个演变中的概念，因此，只要是人能达成交流的各种各样的手段，都应该被不断纳入"交流"定义。对于语言也是一样，要特别关注非语音语言的开发，在参与、互动过程中达到最佳效果。

关于通用设计，《残疾人权利公约》里提出，在目前的《无障碍环境建设法》的草案中有"无障碍的设计应该惠及对无障碍所需的各种各样的人群"，不应该仅仅局限于残障群体本身。在这里特别强调一下，我觉得厉才茂老师非常智慧地提到了这一点，在早期残障权利诉求表达的过程中，社会基础条件还达不到的时候，大众觉得残障权利的要求过多，很难适应，所以想要推动残障权利保护的这些人群，提出了一个"通用设计"的概念，希望非残障群体、社会公众能够了解，推动残障保护并不仅仅是为了这个群体，对其他人也有益处。我们在促进无障碍和合理便利对残障群体帮助的过程中，需要用到"通用设计"；但"通用设计"不能完全表达无障碍和合理便利所要达到的效果，它只是能够在局部促进无障碍建设。如何能够让社会广泛受益，让拒绝理解保障残障权利必要性的人群认识到他们也能从中受益，邀请这部分人群加入我们？"通用设计"起到了这样的效果。同时也告诉非残障群体，在人生的发展过程中，在某个特定的时机，尤其是老年时期，以及突发意外的时期，每个人都有可能陷入受障碍影响的时刻，通用设计在这方面也起到了很大的作用。

合理便利是我今天想特别强调的。在促进无障碍建设方面，合理便利是不是局部可以忽略的概念？我所提出的这个概念，是《残疾人权利公约》第二条里的规定，涉及什么是"合理便利"，并提到"必要和适当的修改和调整"和无障碍的关系。在这里我想强调的是，基于歧视概念中合理便利的分量，这是《残疾人权利公约》基于残疾这个概念对国际法的一个突破，它说"包括拒绝提供合理便利"，怎么解释？如果拒绝合理便利就已经构成了基于残疾的歧视。学过法律以及相关专业的人都知道，如果构成了歧视就达到了违法的程度，成为必须立刻被纠正的，而不是逐步实现，这就是基于消除残疾歧视提供合理便利的分量之所在。"合理"的含义，在《残疾人权利公约》履约的过程中，不同国家所提交的履约报告中关于合理便利的案例，都有一个突出特点，就是对"合理"含义的误解和过度利用，以及与本身的目标和目的相违背的利用。也就是说，提供方以"不合理"为理由，拒绝应该提供的合理便利。所以在《残疾人权利公约》不同条款的使用过程中，在一般性意见的解释中，都对"合理便利"概念有突出的不同解释。比如《关于包容性教育权的第 4（2016）号一般性意见》对《残疾人权利公约》第二十四条教育权利的表达，提出"合理"这个概念在《残疾人权利公约》的语境下，目的不是评估便利的费用和资源，而是排除或减少提供便利的职责。也就是说，"合理"的理解，应该是杜绝懒政和对残障的负面态度为合理便利的提供带来的障碍，然后再来确定所提供的合理便利的适当性和有效性。在《关于包容性教育权的第4（2016）号一般性意见》中，"合理"被认为是情景测试的结果，测试分析所提供便利的相关性和有效性，以及消除歧视的预期目标，这两条是相辅相成的。没有意愿提供合理便利和对合理便利的误解，这两方面的障碍是首先需要关注的。

对于不同国家在实施《残疾人权利公约》的过程中，基于合理便利的各种案例所出现的问题，特别多的学者提出了合理便利的重要性、应该切入的点，以及进一步强化的要求。2018年联合国残疾人权利委员会对第五条提出一般性意见时，对合理便利进行了进一步的规定。规定比较多，我特别想强调两点，就是它的第23段、第24段，"合理便利是与残疾有关的立即适用的不歧视义务的内在组成部分。""立即适用"就是在权利实现和保护方面，合理便利被归为立即适用义务的内在组成部分，而非循序渐进的。第24段提出，提供合理便利的义务不同于"无障碍"义务，两者的目的都是确保无障碍，但通过通用设计和辅助技术提供无障碍服务是一种事前义务。事前义务就是在需求方还没有提出要求的时候，社会就普遍地、逐步地去实现的一种义务，具有普遍性、通用性。而提供合理便利的义务是一种事后义务。事后义务是什么？比如高考，我国在这方面的政策起到了非常积极的作用，为不同障别的考生提供高考合理便利，从 2014 年到 2017 年政策的最终确定，非常鼓舞人心，达到了前所未有的效果。为高考提供合理便利，提供大字版的试卷、盲文试卷，可以归为在考生还没有提出要求的情况下，国家已经提供了这样的条件。合理便利的提供必须是需求方和提供方结合，需求方提出诉求时，要充分地表达。基于障别，即使我是视力障碍，我可能和其他视力障碍考生有不同需求和特点，所以我要和提供方进行积极、详细的沟通，以保证考卷提供的合理便利形式能够真正让考生在答题过程中充分发挥自己的才能。这可能包括延长时间，增加台灯，调整座椅间的距离，人工读题，以及语音版、机考等各种各样的形式，这种事后的义务是双方的义务。对于合理便利的重要性，在《残疾人权利公约》第五条平等和不歧视的一般性意见中，对它的解释达到了一个最详尽、最清楚的状态。

"合理便利"会产生很大的争议，在提供的过程中存在很多障碍。基于今天的话题，我想突出几点。第一，在公约履行的过程中，反复出现的就是如何切实地将合理便利纳入国内法体系。这背后的因素非常多，有态度障碍、政治因素、法律体系等各个方面的因素，这里不详细地展开，但我们会从这个问题中了解到，合理便利纳入国内法的体系，能够使无障碍真正在这个国家实施，消除障碍、促进平等参与。法律所提出的目标与合理便利是否能被纳入进来是密切相关的。第二，我刚才提到的对"合理"概念不当的使用中，把合理便利定义为过度的负担的态度障碍问题。即使制度障碍消除了，法律和政策已经表达得非常积极，态度障碍也有可能对政策和法律的实施产生很大的障碍。第三，评估合理便利的合理性时对必要性和有效性尝试的意愿不足。因为《关于平等和不歧视的第 6 号一般性意见》提出，考虑合理便利的时候，特别侧重对它的必要性和有效性的探究，然后再来考虑是否造成不当、过度的负担。在实践中，对其不当的考虑，已经阻碍了对它的必要性和有效性探究，所以会起到相反的作用。第四，侧重强调合理便利提供的负担，忽略不提供合理便利给个人、家庭、社会所带来的长久的、更大的损失问题，是最大的问题。在提供合理便利的过程中，我们往往注重那个可考量的数字，而忽略了在不提供合理便利的情况下，这个群体不能以他们的才能积极贡献社会，从而给国家、家庭、个人带来的负担。这些看似很难考量，但在国际上，对这个问题的研究已经非常深入。这一点要特别引起我们的重视。第五，合理便利需求方在认定和提出合理便利时的意识问题。比如，有残障学生来了之后，法学院的残障支持的办公室会和考生积极互动，希望这个考生提出他的残障障别所需要的特殊支持，但在残障意识、合理便利意识比较淡漠的国家的考生往往不会提出需求。我们需要特别地告诉考生，如果你不向我们提出所需支持的具体要求，我们便不能很好地履行我们的法律义务。上升到这个层面之后，才能帮助这些考生意识到，提出详细的诉求，事实上是在行使他们的权利，能够帮助需求支持方更好地履行法律义务，具有双重效果。这方面的问题也是比较突出的。

合理便利的要素和比例原则是我在研究过程中提出的分析框架，这个框架内容非常多，由于时间关系，我在这里不展开。我想强调合理便利的必要性和适当性，是先有必要性、适当性，再考虑不造成过度负担，然后再强调是否合法、可行，以及是否合比例。合理便利的提供比较主观，在对合理性和有效性的论证中，消除主观因素的负面影响是重要条件。

关于无障碍的界定，考虑到态度、环境、制度三方面的无障碍，《关于包容性教育权的第 4（2016）号一般性意见》主要针对的是制度障碍，涉及国家的法律和制度。《残疾人权利公约》第八条对这三方面也有特殊强调。《残疾人权利公约》第九条涉及无障碍，侧重环境障碍，在这里它的系统性和常规性是针对平等参与的另外一个关键概念"合理便利"提出的。无障碍是《残疾人权利公约》框架下的一般性原则，《残疾人权利公约》中关于无障碍的突破，是关于服务类障碍的规定。

在公约的发展中，无障碍有哪些发展变化？总的来说，有适用性、全面性、通用性三个方面。适用性从关注可量化，转变为关注设施和服务是否符合用户需求。可量化是一个指标，也可能是一个形象工程，但这样一个工程应该能够正确符合用户需求。在这个过程中，残障者的平等参与起到了重要的效果，甚至是不可或缺的。全面性是指从片面关注物理环境的无障碍，到包含信息、交流、服务无障碍的跨越。通用性是传统的社会在达不到无障碍的要求时所提出的一个概念。它包括对融合教育的实现，主要是通用学习设计。美国马萨诸塞州所有的普通教育老师和特殊专业老师，在普通融合教育环境中，提供特殊教育专业支持的这些老师都必须进行通用学习设计的培训，接受对课程的通用性进行改革的培训。

关于无障碍和合理便利与基于残疾的歧视之间的相关性，当人们对残障和社会负有消除障碍义务缺乏了解的时候，在行为上就能体现出来。比如软件开发商不把无障碍社会和建设作为设计中间的必要的有机组成部分，而作为公益服务和附加值。这是我们要特别注意的，高科技公司往往会把它化为公益性项目，而不是必须做的。这是我们在制定《无障碍环境建设法》时需要特别突破的一个壁垒。

关于合理便利，从无障碍的普遍性来说，这里所说的是无障碍的概念改为按需自取的方式，更加能够体现《残疾人权利公约》不歧视原则。推广"合理便利"这个概念，也是对残障群体本身意识的提升，促使他们与社会对话交流。对话交流是在提供合理便利之后，以及在完善合理便利建设的过程中，残障群体对自身的需求和诉求的表达，这种对话交流可以让其知道平等参与不仅是他们的权利，也是他们的义务。拒绝合理便利也是拒绝满足个体消除障碍的需求，即具体个人依据其能力特点和选择不同进行生存发展的合理需求。所以拒绝合理便利构成基于残疾的歧视，条件是非常充分的。

在目的和效果方面，无障碍和合理便利存在哪些共同点？第一，两者的核心目的相同，都是为了促进平等参与。第二，两者共存于《残疾人权利公约》的框架之下，对两者的具体落实应注意对《残疾人权利公约》其他相关原则的尊重，比如平等不歧视，又比如第三条、第八条，对这两者的具体落实，都应该注意对态度、制度和环境三方面障碍的消除。第三，两者所辐射的范围应包括所有社会生活的可能组成部分。第四，两者都奉行多方合作原则，特别强调残障主体、代表机构的参与和对他们的意见的重视，这种重视对于个人、家庭、社会都是事半功倍的。第五，两者均是缔约国的国际法义务，疏于恪守会引起国家责任。

第六，两者均非独立权利，而是其他各项基本权利实现的前提和基础。第七，剥夺无障碍和合理便利均属歧视，这样的剥夺未必只是拒绝提供合理便利，提供无效的无障碍和合理便利也属于歧视，因为它和无障碍合理便利最终的目的是背道而驰的。第八，制度和态度对两者的具体运用效果会产生很大影响，因此消除态度障碍、制度障碍才能真正保障环境的无障碍。

这两者有什么区别？第一点，无障碍是不附条件的义务，没有不履行的抗辩，国家和社会必须履行无障碍义务，而且它是单方的义务，属于国家和社会的义务，要循序渐进地实现。而合理便利是附条件的义务，有合理的前提，如果需求方要求的合理便利不正当、不合法、不合比例，那么提供方就有理由拒绝合理便利，这就是合理便利引起那么多的案例和争议的原因所在。第二点，无障碍是普遍适用的，是面向整体的，而合理便利是个体适用的，针对个体需求的。视力障碍不同的人，对合理便利的需求可能不一样，所以合理便利的提供不应该以障别为主要依据。无障碍是单向义务，它和前面第一条的不附条件的义务是相关的，对于残障人是否使用没有约束，也就是说无障碍设施建设在那里，残障者可以使用，也可以不使用。像我为了锻炼身体，虽然我有肢体障碍，但在多数情况下能爬楼梯就爬楼梯，不会使用电梯，这就是一个简单的举例。

为什么提出这一点非常重要？因为在无障碍建设过程中，各个方面会出现这样一个问题：花钱了，但并没有见到多少残障者来使用设施，还有必要建设吗？第三点，无障碍是单方义务，而合理便利是双方义务。提出合理便利要求的人需要与提供合理便利的部门充分交流，以便对方更好地履行提供合理便利的义务。第四，合理便利是被动义务，要有需求方提出要求才能提供，所以是一种事后义务。第五，从两者的影响和性质来说，无障碍在制度性上能造成长久的影响，而合理便利则更偏向于临时措施。对于临时措施的提供，当社会发展到一定条件，这个合理便利可能会成为一个无障碍的概念，因为它具有一定的普遍性。所以这是合理便利的另一个重要性所在。合理便利折射出无障碍的不足，因为无障碍不足，所以才需要合理便利。因为具体的要求非常纷繁复杂，当社会发展到一定程度，很多合理便利就可以作为无障碍来普遍提供。第六，从义务实现期限来说，无障碍是逐步实现的，合理便利则是要立即实现的。前面《残疾人权利公约》定义过程中都有提出拒绝合理便利导致平等参与不能够实现的案例，可以说它就是违背法律的。第七，无障碍是一种同等对待，而合理便利是一种不构成反向歧视的区别对待。

无障碍和合理便利之间的内在关联，和我前面提到的差异点非常相关。第一，合理便利是对无障碍的补充，因为发展是需要一定过程的，受很多条件的限制，合理便利对于平等参与的保证尤其重要，不可或缺。第二，合理便利是无障碍的初级阶段，在一定的发展阶段下，合理便利会成为无障碍。第三，合理便利是衡量无障碍发展空间的尺度，所以合理便利非常重要，每一个合理便利的提供，都能让我们认识到无障碍可以往哪个方面做得更好。

无障碍和合理便利在实践过程中常见的问题就是反思不足导致错误重复发生，人们普遍因为东西显而易见而反思不足，因为对无障碍提供的真正目的认识不足和意愿不足使这样的错误造成很大影响，浪费国家资源，这需要引起社会各界重视。因为现在无障碍从物理无障碍突破到信息无障碍的过程中，有几个常见问题。在信息交流技术发展过程中，存在严重忽略残障群体的需求，以及对他们需求的想当然的臆断，这就是对残障者需求听取不够的态度问题，想当然的决策在各个方面频繁、无意识地发生。信息交流技术的发展和人的多样性生活经验之间存在距离，这涉及残障和非残障群体，但残障群体所面临的差距尤其明显。因为技术本身造成的问题，在和对残障的负面态度结合起来的过程中，反而会加深对残障者的偏见和歧视。残障融合和参与意识不足导致社会对信息技术给残障群体带来负面影响的问题认识不足、重视不足。

我的分享到这里基本结束。最后我想强调，残障者本身因为生活的体验，积累了很多专业经验，这样的专业经验在促进无障碍建设和完善合理便利的过程中是宝贵的财富，我们希望能够提供更大的空间，让他们的才能能够发挥出来，这对社会来说是非常重要的。今天的分享虽然是基于研究，但也是我对无障碍和合理便利能够带来的效果的一个巨大的愿望，希望跨学科的碰撞和不同角色的互动，能够让我们关注的问题得到最好的发展，使得个人和社会双重受益，谢谢大家。

丁鹏（主持人）：

非常感谢崔老师。她既对国际法和残障学理进行了融合解释，又非常关注合理便利和残障的进展，比如高考政策的发展情况。接下来有请来自澳门科技大学的陈博老师与谈，如果各位听众对两位老师的演讲有想要分享、反馈和提问的，也可以同时分享出来。有请陈博老师。

陈博（与谈人）：

不敢说与谈，崔老师发言很精彩，如果各位想问崔博士一些问题，可以利用我说话的时间把问题打出来。当下最核心的一个要点就是崔博士将"无障碍"的提供联系到"合理便利"，进而联系到"构成歧视"，在我看来这一点的重要性怎么强调都不为过。虽然我本人平时对无障碍建设本身问题并没有专门的研究，但这次非常荣幸地参与今天的发言，就是因为最近《无障碍环境建设法》的草案正在审议、征求意见，在这个场合提起这一点是非常重要的。我把这个问题稍微往前推进一点，我们不仅要理解崔老师刚才说的重要性，对于无障碍环境的提供，联系到合理便利，并且联系到针对残障的歧视，我们还需要了解的是按照《残疾人权利公约》的要求，对于受到歧视的情况应当提供有效的司法救济。而目前关于《无障碍环境建设法》，它基本的立法思路还是以行政法的方式运作，比如行政机关针对没有履行《无障碍环境建设法》所规定义务的相关情况，主要是用行政监管、行政监督的方式。我觉得无论崔老师的原意是不是指出这一点，她很鲜明地把无障碍和合理便利提出来，实际上是包含了司法救济的。

今天讨论的是关于义务主体，不论是公主体还是私主体，都要提供无障碍和合理便利。有些朋友可能知道，有些西方国家对于合理便利的提供遭遇了宪法上的一些质疑。如果国家要立法要求私营主体提供合理便利，会不会涉及对财产权的不当限制，在一些欧洲国家有过这样的讨论。《残疾人权利公约》要求很明确，崔老师也提到了一点，并且在这个意义上，无论是无障碍还是合理便利，国家都有义务要求管辖内的公主体、私主体提供无障碍和合理便利。如果我们带着这样的思路看草案，会发现在《无障碍环境建设法》的草案中，对于公私主体有一些区别，这些区别并不是非常有道理的。比如崔老师提到的就业领域，《无障碍环境建设法》草案中明确规定，提供集中就业的单位有义务提供无障碍服务，但对于其他用人单位，只是用了"鼓励"一词。这样的态度还体现在很多其他领域，比如公证处、司法局等提供司法服务的主体，用的也是"鼓励"。即便我们接受法律对公主体和私主体可以提出不同等级的要求，也似乎不能理解为什么公证处、司法局、基层法律服务中心，这一类明显是公办主体，却仅仅要求它们承担"鼓励"的非强制性义务。按照《残疾人权利公约》的要求，今天崔老师讲到的很多问题都涉及无障碍的最低强制标准，而且很重要的是，国内法（包括这次草案）做得很好的一点，就是不再将无障碍范围限制在物理环境，而是扩展到沟通、服务。但如果我们带着这样的思路看法律草案，会发现它明确提出要求符合强制性的最低标准的义务，仅仅在草案第十五条——关于物理环境无障碍建设，而关于通信和服务的部分并没有使用相关措辞。我们目前似乎没有看到国家公开支持或者发布的关于法律服务、通用服务的强制性无障碍标准。我觉得对于残障社群的朋友非常关心的问题，比如残障人无障碍出行、无障碍公交车，法律草案使用的是要求"具备一定比例"。这个一定比例指什么样的比例？是需要等 10 分钟、半小时等来一辆，还是整个公交公司一共只有三五辆，可能要等好几个小时？对无障碍服务，没有像建筑环境一样要求最低标准，我觉得这是我们需要留意的。包括草案第四十二条、第四十六条列举了一系列旅游服务等问题，用的都是"鼓励"，这和《残疾人权利公约》所要求的在诸多问题上提供强制性的最低标准，似乎还是有一些距离的。

实现所有具体无障碍环境变化，进而实现《残疾人权利公约》中的其他实体权利，最终核心方法和核心理念之一，就是要在广泛咨询残障社群意见中制订标准，监督所有权利落实。在草案中，能看到在诸多条款中，都将咨询的对象限制为在残联体系内或者依法涉及的老年人代表组织，而在残联体系之外的残障代表组织，能以什么样的方式参与无障碍环境建设中相关标准的制订，包括参与相关咨询、验收相关建设成果，这也是联合国残疾权利委员会在第二、三次合并报告审议中提出的建议：需要采取措施加大残联系统之外的民间残障组织，包括残障自组织代表，对于一切与残障问题有关的、与公约内容有关的一切参与。我相信只有在广泛参与和广泛代表下，今天讨论的无障碍问题，包括什么叫合理便利、什么是"合理"、司法怎样对它进行审查、这些权利怎么联系到《残疾人权利公约》，以及最终实现残障人士的平等参与以及其他诸多良好生活的改善，才会有更好的答案。

我快速总结一下，崔博士的发言中，我认为最重要的一点就是将无障碍环境建设和合理便利联系在一起，进而联系到反歧视有什么样的法律要件。《残疾人权利公约》要求我们针对构成歧视的情形提供有效的司法救济，无论是公主体还是私主体，只要服务和环境是向公众开放的，无论是物理环境还是通信、服务，都应该提供强制性的最低标准。要有效实现这一点，就需要包括残联系统之外的基层和民间残障组织充分参与。感谢崔老师的发言，谢谢丁鹏的主持。

崔凤鸣（主讲人）：

构成歧视之后的司法救济问题，这是我们容易忽视的一个问题。能不能得到司法救济，这是无障碍和合理便利最突出的一个区别。把无障碍放在一个循序渐进的过程中，就很难进入违法和司法救济的语境下，会出现"这个问题我们可以慢慢来""我们已经做得很好了"等说法。在这个过程中如果缺乏了合理便利，真正达到平等参与可能就遥遥无期。再次强调一下，我觉得无障碍和合理便利的作用就像齿轮相互咬合，缺乏一个，另外一个是不可能实现的。也感谢陈博和丁鹏对这个问题的进一步提醒。

问题一：

您能够举例说明什么是无效的无障碍和合理便利吗？

崔凤鸣（主讲人）：

举个例子，如果我们国家的盲人是从小到大基本上没有学过盲文的，但是高考为他提供一个盲文试卷，这就是一个无效的无障碍或者合理便利。还有无障碍的通道，比如说到了一个阶段又要走几阶台阶，无障碍提供不能连贯，坐轮椅的人还要下几个台阶，这也是一种无效的无障碍，这样的例子比比皆是。

丁鹏（主持人）：

崔老师能不能接着讲一下在普通学校里的无障碍和合理便利的两个具体例子。残障学生在普通学校接受教育，所需要的无障碍是什么，合理便利是什么？

崔凤鸣（主讲人）：

　　从物理无障碍角度来说，比较形象一点，大家好理解。如果这个教室没有坡道，没有电梯，有些肢体障碍学生就不能进入他应该去的教室去平等接受教育。在多数情况下，学校的调整就是把这个学生选的课放到一楼来上，或者让学校的学生长期抬来抬去。抬来抬去就是一个合理便利。还有一个，如果无障碍达不到，把考场设在三楼，考生必须上三楼考试，他又上不去，怎么办？这个例子其实是最形象的，既可以说明提供合理便利，又可以说明这个合理便利是否导致过度。如果三楼考场必须要使用各种各样的多媒体设施，调整教室作为一个合理便利就不适用。因为考场调到一楼之后，不能轻易把设备全部搬下来，搬下来可能导致设备全部损坏，这个时候比较合适的合理便利就是把这个人抬到三楼去。在今后的改造中，如果这个教学楼没有电梯，就考虑把无障碍教室搬到一楼来，那就是一个无障碍的调整。

问题二：

　　无障碍和合理便利如果不是独立的权利，如何通过司法程序保障和救济这些权利？

崔凤鸣（主讲人）：

其实这个担心是不成立的，如果这个事情已经到了司法救济的程度，一定涉及受教育权、就业权等其他权利的侵犯，而这个侵犯是无障碍和合理便利条件达不到而造成的。我的解释就到这里，看看陈博有没有什么补充。

陈博（与谈人）：

我不确定是否完全理解了这个问题。我觉得无论它是一个直接的单独的权利与否，要区分一个问题是"目前的法律对它的规定"以及"在司法上的操作有什么样的策略"，某种意义上这是两个问题。

如果把无障碍和合理便利经过国内法的设置变成单独的权利，法律上的操作可能会容易一点。但即便它不是一个独立的权利，正如崔老师所说有很多技术上的操作，目前的《中华人民共和国民法典》中，对无障碍和合理便利并没有非常明确的规定，但一个商场没有尽到无障碍的义务，可能在民法上基于缔约过失就可以去起诉，所以实践操作也不是完全没有空间，只是对于社群的法律行动难度更大一些。我自己的态度是，无论法律怎么具体界定，只要给出一个不要太让人难过的界定，都是合理的起点。我个人觉得更重要的是在司法机关和官方互动过程中，能不能给出一个民间通过自己的行动去获得的法律上的空间和社会空间。如果没有这样的空间，无论规定到底是什么样，可能都不会有特别明显的帮助。如果我们有这个空间，无论法律怎么规定，都有一些可以去博弈、争取的空间。

问题三：

残障社会组织如何参与合理便利和无障碍的倡导？

崔凤鸣（主讲人）：

这个问题特别好。残障组织之所以区别于个人，就在于它可以整合资源和各种不同的残障者的需求，进行对个人和社会都有好处的事物的倡导。因为个人在提出各种不同要求的过程中，对于提出自己的合理便利的诉求，可能理解不是那么清楚。残障组织就可以基于长期专业的工作经验帮助个体理清对合理便利的需求应该怎么样合理提出，能够真正实现合理便利的目的。

关于提出诉求的方法问题，如何让所提出的诉求能够更好地实现，这是对于个人的方面。在对于国家和社会的方面，比如在美国和一些欧洲国家，残障组织是非常专业的组织，政府在制定残障法律时会积极征求他们的意见，听取他们的看法，甚至把他们的专业报告纳入进来，帮助法律更好地实施。在征求意见的整个过程中，残障组织起到了不可或缺的作用。

如果出现合理便利提供受阻的情况，个人可以向相应的残障组织求助，无论是在调解过程中，还是已经进入司法程序，残障组织的代表都可以陪着这个人一起经历。经过和这个人长期的互动交流，残障组织代表从专业角度对他的问题理解更深，可以达成更好的沟通，便于案件合理地确定责任和义务。所以，残障代表组织应该是作为专业的组织，在社会残障事务方方面面都能起到专业支持作用。残障研究有一个最重要的条件，就是要有残障者作为核心人员，不是开会的时候叫一个人进来简单地发言，而是通过常规制度上的设计，让这个人的参与持续、有效，甚至发挥决策作用。

问题四：

提到倡导合理便利时，从立法角度说更多是保证立法落实，但还需要考虑合理便利的"合理性"。我们在做工作的时候，是否可以更多地去强调"合理性"？

崔凤鸣（主讲人）：

关于合理便利需求方在认定和提出合理便利诉求时的意识问题。我觉得它是一个提升的问题，从最初对合理便利特别不了解、不知道如何去表达，或者长期忽视，到合理便利在法律政策中有了一定的位置，大家共同促成了对这个问题深刻的认识。这是相辅相成、相得益彰的，无论是需求方还是提供方，都在不断增进认识。

如果进入合理便利和拒绝程序的过程中，会出现什么样的解决问题的方式？首先合理便利的提供方会说，你的问题我们可以从另外一个更合理的角度，甚至对你更好的角度来解决。这就是为什么合理便利是双方义务，不像无障碍是一个单向义务。合理便利的需求方和提供方进行非常切实有效的专业讨论。在这个过程中，既帮助提供方认识到什么是需求方真正的合理便利需求，也帮助合理便利的需求方在这个过程中认识到自己所提出的东西，哪些是合理的、哪些不合理。所以，合理便利是一个附条件的义务，必须符合条件才能提供。如果这个要求不合理、不正当或者不合比例，提供方是有理由拒绝的。我觉得在提出不学英语的情况中，一个最基本的问题是不学英语，是否影响了平等参与学习？既然合理便利是为了保证切实平等的参与，提出这样不学英语的要求，是否和法律的真正目的相符合？如果不能回答这个问题的话，那提出不学英语这一条，其合理性自然就不成立了。这方面的例子其实还是特别多的，特别感谢刘老师提出这样的一个问题，能够让我对合理便利的焦点问题最后一点完成进一步的解释。合理便利特别强调双方沟通协商个性化的解决方案，从这个意义上讲，合理便利确实是一种很新的、对于反歧视前沿问题的规定，需要大家重视。

问题五：

目前国内对残障的定义是不是比较倾向于个人能力或者个人责任，这好像不利于缓解个人歧视问题。两位老师如何看待目前残障定义的问题？

崔凤鸣（主讲人）：

我刚才在讲能力主义的时候讲到关于"残障"的定义。过往有人提出，一个称谓符合一定的社会环境条件，让大家舒服就好、习惯就好，没有必要纠结这个问题，这是一种观点。还有一种观点，就拿究竟是"残疾"还是"残障"来说，它到了一个需要从专业角度去认定这个概念的地步，但是又考虑"残"字不好，是不是用"受障者"比较好，比如我国台湾省叫"身心障碍者"或"障碍者"。这背后还有一个考虑，"残"字没有体现尊重。其实在人类发展的过程中，我们提出要在对多样性予以尊重的语境下，不需要刻意回避有无障碍的问题。回避便导致权利行使受阻，合理便利便没有发展的空间。

真正的平等不在于让大家都一样，而在于所有不一样的人都能够用自己的方式在社会支持下实现自己的权利和义务。因为有障碍，所以必须要得到支持。对于障碍的考量存在不同层面的问题。我的建议是，对障碍的考量必须尊重几个条件。第一是中性的，也就是说无论这个词怎么用，都要体现对人的尊重。第二，要能体现从什么角度认定障碍问题。究竟是在社会框架下把个体放在一定的文化和社会环境中，认为他真正的障碍是社会的无障碍和合理便利条件的不足，不能真正地参与，还是他应该自认倒霉。所以要考虑到这个障碍来自何处。另外是在障碍认定之后，责任归属的问题。我个人不回避我是一个有肢体障碍的人，这个障碍是客观存在的。所以要我界定概念的话，这是我的几个基本考量点。如果有人认定"残"这个词从说文解字的角度解释有不好的地方，我尊重。在我发表的文章里，我用的是"有残障的人"。如何在中文语境下，既能够体现人的主体性，又能够体现他有障碍的特征，我目前不能在所有的演讲过程中刻意强调这一点，但这是我想去推动的一件事。这就是我们界定这个概念时基本的考量原则。

丁鹏（主持人）：

谢谢崔老师的解释，非常突出《残疾人权利公约》独特的模式，即人权模式，不是医学模式，也不是批评医学模式的社会模式。社会模式比较强调外部障碍，既要看到个体身心损伤和主观体验客观性的功能损失，也要看到外部障碍的存在。同时最新的《无障碍环境建设法》的草案里有一个概念叫"有无障碍需求的社会成员"，也是一个有趣的概念。如果法律这么界定，就可以认为有无障碍需求的社会成员，当然包括残障者、老年人、怀孕的妇女以及有伤病的人。我们具有普遍脆弱性，有很多社会成员都需要无障碍设施，但也要回到残障研究的独特初衷，就是残障人有其独特的需要支持的一方面。残障人需要的支持和老年人、怀孕妇女、临时生病的人的需求相比毕竟有其独特性，正因为这种独特性才有《残疾人保障法》，才有《残疾人权利公约》。所以既要看到这种普遍的脆弱性，也要看到残障人社群有其内在的、独特的身心体验和获得支持的需求。

陈博（与谈人）：

我想首先回应一下刚才刘明老师的问题，刚才崔老师已经做出了很好的回应，丁鹏也从沟通角度讲了如何判断合理性，在这方面，我没有什么补充。任何群体都有一些成员在表达诉求的时候，没有基于类似的经验去判断什么样的诉求是"合理"。但我们觉得在制度上有一个自然的追问，这些接受教育的小朋友或者大朋友，他们在过去的生命经历中是处于什么样的社会环境和社会制度。这些制度告诉他们，你可以因为你的残障提出所谓的过分要求，可以依据自身的情况去要求免除一些可能在其他人看来非常核心的教育和考试组成部分。

我们与其去反思怎么会有人提出这种在其他人看来也许有些过分的要求，不如看到社会制度是怎样培养或怎样塑造出这样一种人。

我自己觉得残障研究有一种非常解放性的面向，它不停地逼问我们：在我们的社会生活中，什么样的成分是最核心、最牢不可破的，什么样的成分是可以被调整的？合理便利往往是对于一些技术性、工具性内容进行调整，实现最核心的部分。在我们要面对这些挑战的时候，不得不逼问自己：哪些可以调整、哪些是不能调整的？刚才崔老师也问，对某一个专业来说，英语究竟是因为历史的原因，被习惯性地作为一个组成部分，还是真的不可调整，这种观念会发生变化。今天讨论话题之一是关于合理便利。合理便利最开始在英国法律中体现的是一些有不同宗教信仰的人，要求雇主在工作时间和休息时间之间，根据自己的宗教信仰设定特定的时间。就是雇主想要工作，他们想要换一天时间工作。从基础视角来说，你连雇主的话都不想听，还找什么工作？但随着社会观念发展，法律和法院可能会支持这样的调整，雇主有义务在对排班不造成不当负担的情况下，对员工的工作和非工作时间做出一定调整。我们之前觉得完全天经地义的事情，就发生了变化。例如我们之前觉得，你交不起学费，上什么学？现在却有了义务教育。

一方面我们要追问：什么样的社会制度让一部分人提出一些看起来过分的要求？另一方面，这些问题会逼问我们到底哪些是核心、哪些是手段。对第二个问题，我在某种程度上同意崔老师。我认为如果所有的无论是健康服务、医疗保健还是生活支持的问题指向一个人，就应该以尊重这个人的方式提供所有的服务与支持。如果说的是残障或者残疾作为一项社会问题，那重点应该放在怎么去解决制造这些社会问题的社会制度、社会观念、社会障碍。我们需要解决的不是这些残疾人，而是社会上存在的这种观念和障碍。如果讨论的任何措施和人有关，就要以尊重这些人的方式提供所有的服务。简单来说就是这样，非常感谢。

丁鹏（主持人）：

我利用主持人的便利，向今天的主讲人崔凤鸣老师和与谈人陈博表示衷心的感谢。无障碍环境建设法大讲堂汇聚了很多不同专业人士，像崔凤鸣老师和陈博老师偏向于人权法的视角。虽然每一次主讲人有不同的专业背景或者学科专长，但我们有一个共同的愿景，就是希望推动残障人平等参与社会。这是为了每个人的平等和尊严，为了每个人能够充分实现个人发展。而且我们有一些能够形成共同语言的话语体系，比如《残疾人权利公约》，又比如平等、权利、无障碍、合理便利等等，我们有这么多共同话题、共同目标，同时又各有所长，希望能够通过这样一个开放、有效的交流体系，共同推进无障碍环境建设制度的完善。欢迎参与本论坛的各方面人士继续关注，再次感谢两位老师，感谢手语翻译，感谢会务人员，今天的活动就到这里。谢谢大家。

第五讲

无障碍与老年友好社区

（2022 年 11 月 30 日）

主讲人：唐　钧
与谈人：李　俊
主持人：刘　远

刘远（主持人）：

尊敬的各位嘉宾、各位师友，大家晚上好。欢迎来到无障碍环境建设法大讲堂第五讲。我是刘远，是武汉大学的博士后研究人员，也是武汉大学人权研究院的研究人员，今天受张万洪教授的委托，主持本次讲座。今天我们非常荣幸地邀请到了中国社会科学院的唐钧教授。唐教授今天演讲的主题是"无障碍与老年友好社区"。前不久，唐教授有一篇老年照护体系的整体效应的文章，被《社会科学文摘》全文转载，大家如果感兴趣也可以下载、阅读。在前面几次的演讲中，我们请到不同学科的专家学者，就《无障碍环境建设法》的草案、立法过程以及手语、合理便利等相关议题进行了分享。此次《无障碍环境建设法》草案的亮点在于，一是加入老年人等"有无障碍需求的社会成员"的表达，二是在传统的设施无障碍和信息无障碍的基础上，又加入了无障碍的社会服务要求。相信通过今天唐钧教授的演讲，大家能够了解和认识到老年人视角下的无障碍需求及其应对方案，以及通过分享的一些老年友好社区的案例，了解普遍适合所有社会成员的无障碍社区的建设方法。

在唐钧教授分享之后，我们还邀请到了华东政法大学社会发展学院的李俊教授与谈。李教授在老年人议题方面也是深耕已久，我们非常期待两位大咖能够碰撞出火花。那么话不多说，接下来我们就把话筒交给唐钧教授。

唐钧（主讲人）：

我今天演讲的题目是"无障碍与老年友好社区"。之前的几次讲座都是和残疾人关联得比较多，那么今天我讲的内容是和老年人联系起来的，尤其是老年人当中的残疾人，也就是我们通常讲的失能、失智老人，或者用比较学术一点的话来讲，是"照护依赖老人"。

我认为我们现在讲无障碍，除了物理环境的障碍外，更多的障碍在人心。我先从一个具体的例子说起。我们小区门口有一条小道，它的宽度很窄，刚好够两辆轿车会车的时候擦肩而过，因此在这个道上走路是比较危险的。我经常要从这条小道出去，但是每次走过这里的时候，就觉得人行道被自行车、外卖骑手的摩托车、电动车堵塞了。作为老年人行动缓慢，看到有车来，我只好站在边上等他过去。我一直在想，其实一个很重要的障碍是在我的心里，所以我今天重点想要讲一讲这个问题，我也把这个话题从《无障碍环境建设法》扩展到了老年友好社区。

第五讲 / 无障碍与老年友好社区

149

在此讲四个问题：第一，从无障碍到老年友好社区；第二，老年友好社区的由来和发展；第三，老年友好社区的支持性理论；第四，老年友好社区在中国的实践。

从无障碍到老年友好社区。2022 年 10 月末，《无障碍环境建设法》的草案提请人大常委会进行初次审议，这是我国首次就无障碍环境建设制定法律，是保障残疾人、老年人等有无障碍需求的社会成员权益的重要立法。以前我们有没有法呢？也有，叫《无障碍环境建设条例》。以前是一个条例，现在升格为一部法律了，层次更高了，地位更高了。这部法律有它的特点，它是讲无障碍建设的法律，针对的是有无障碍需要的社会成员。这里解释一下，法律草案上写的是"无障碍需求"，我们做社会政策的人对"需要"和"需求"是进行了一些区分的。"需要"是指人的一种自然的需要，但是"需求"好像跟经济挂钩。潜在需求、有效需求，这好像是一个经济学的概念。我觉得从法律角度来讲，应该讲的是"无障碍需要"，是人的一种自然的本能的需要。

草案当中是这样讲的，"为残疾人、老年人等有无障碍需求的社会成员自主安全地通行道路、出入建筑物以及使用附属设施、搭乘公共交通运输工具，获取、使用和交流信息，获得社会服务提供便利和条件。"这里谈到两点：第一是环境，它是建设一种无障碍环境；第二，无障碍环境的目标是为有需要的社会成员提供便利和条件。那么这些环境、便利和条件，大致上分成三个方面。第一个是交通便利。它又包括三个方面：一是自主安全的通行道路；二是出入建筑物以及使用附属设施；三是搭乘公共交通运输工具。这些都跟交通便利有关。第二个方面是信息交流、获取、使用和交流信息。第三是服务可及，让有需要的群体可以获得社会服务。我觉得归纳起来就是交通便利、信息交流和服务可及，但实际上还会涉及其他的一些方面，需要在今后的实践中逐渐调整。

"有无障碍需求的社会成员"，我觉得它又分成了主要对象和有时也有需要的对象。主要对象，是指残疾人和老年人。以前的《无障碍环境建设条例》里面，用的词是"残疾人等"，主要是残疾人，但这次突出了"残疾人、老年人"，把老年人这个群体也突出了，尤其是老年人中的残疾人，或者残疾人中的老年人。在这两类有无障碍需要的社会成员中，残疾人里大概有 50％ 实际上是老年人，所以是有一个很大的交叉。对于有时也有需要的对象，草案当中列出了一些，比如孕妇、儿童、幼儿、伤病者。我想"伤病者"一般是指在一段时间内有伤、有病的人，经过治疗以后，可能会恢复正常。最后是负重者，我觉得这个考虑得比较全面，一般的人，如果要推一个东西上高处的话，也最好要有坡道。现在讲的"有无障碍需求的社会成员"，比原来的《无障碍环境建设条例》范围扩大了很多。

我们再讲一下它背后的理念。第一，我们经常讲"公平"这个词，它其实建立在平等的基础上。"平等"一般是结果平等，但这里还考虑到了正义的问题，正义加平等，得出公平。实际上这里要考虑两个问题。第一个问题是涉及对象的能力怎么样？对于刚才讲的有无障碍需要的这些人，实际上，他们可能在能力上是有欠缺的。第二个是需要，就是说他在某种意义上需要有无障碍设施。

第二，我们刚才讲了，因为这是法律，当然涉及权益保护。在中国，我们常常把"人权"这个词神秘化。实际上人权并不神秘。从某种意义上来讲，人权就是需要，人权和人的基本需要是紧密相连的，这是法国的哲学家讲的，这些需要为人权提供了基础，人权应该被视为实现基本人类需要或者实现基本人类能力的一种权利。讲得文学一点，人权实际上用了法律的、庄严的语言表达了这种需要。在我们能力很强的时候、什么都能做的时候，凡事都比较容易实现。但是在能力有欠缺的时候，我们就更需要社会、法律的保护。所以我觉得刚才讲的公平、人权，是我们这部分法律背后的理念吧。

其实早在"十四五"老年规划中，也有六处提到了"无障碍"，但是同样在这个文献当中，提及更多的是"适老化"，有十六处之多。从某种意义上来讲，适老化是在老年政策和老年服务领域对老年人的无障碍需要的一种专门表达，其实它与无障碍在意义上是非常相近的。适老化有一个特点，就是进入到家庭了。家庭的适老化改造是现在一个比较热门的话题，它的要求是室内行走便利，如厕洗澡安全，厨房操作方便，居家环境改善，智能安全监护，辅助器具适配。无障碍是从消除负面因素去讲的，适老化是从正面去讲的，更适合老年人生活。我认为它们基本上是一个意思。

这两个合起来，我觉得它就形成了一个新的概念——"老年友好社区"。老年友好社区把无障碍和适老化扩大了，不但强调物理环境，还强调社会环境。第一节就讲完了，最主要讲了三个概念，一个是无障碍，一个是适老化，而且通过这种无障碍的适老化，由此引出了"老年友好社区"的概念。

老年友好社区的由来和发展。2005 年，世界卫生组织提出了一个概念"Age-Friendly"，老年友好。当年提出的概念是"老年友好型城市"，而且世界卫生组织有一本手册叫《全球老年友好城市建设指南》。书里提出，现在普遍存在着一些与老龄化相关的负面的刻板印象，比如把老年人和退化、依赖等联系在一起，这些想法贬低了老年人对社区的贡献。我们要改变对老龄化的传统态度，鼓励社区将老龄化视为利用老年人经验和智慧的机会，而不是将老龄化视为人的衰退。如此，老年人自带的优势和才能可以被引导为新的机会，使社区和老年人都受益。老话说"不听老人言，吃亏在眼前"，老年人有一生的经验，这些经验对社会，尤其对年轻人，是有益的，对家庭、社区、社会生活都有很大的影响。联合国在20世纪50年代的时候就提出"社会进步经由社区发展"的口号，现在的老年友好城市在各个地方逐渐从城市下沉到社区。在各个国家有不同的说法，在英国它叫"终身社区"，在美国它叫"宜居社区"，加拿大是最先把老年友好和社区联合起来的，叫"老年友好社区"。联合国的这句话，它表达了什么意思呢？"社会进步"这个词是比较泛化的，不是一个确定的空间范围内的概念。将泛泛的社会进步和范围比较小的稳定的人群和地域联系起来，就形成了一个概念，叫"社区发展"。

"社区发展"就是将整个社会拆开，划分成一个个的社区，这样就在社会进步中有了一个发展的平台。假设每一个社区平台都得到了充分的发展，整个社会也就有了充分的发展和长足的进步。建设老年友好社区，很重要的一步就是认识到物质生活和社会环境会决定一个人的健康和福祉。社区中的老年人应该有机会在社区获得预防疾病的资源、适当的营养和交通、更高水平的社会支持系统。美国有一个"宜居社区"概念，2004年，美国作家丹·比特纳和他的同事到世界各地写了很多游记，讲各地风俗、习惯、趣事。这位作家在各地发现了一些社区，这些社区百岁老人的比例是美国平均的十倍。他每到一个社区，就在地图上用蓝色的水笔把这个地区做个蓝色标记，把它称为"蓝区"。这些蓝区当中，居民的一般寿命比大多数地区的居民寿命更长，而且生活也更健康。根据他们的观察，环境和社会因素被认为是促进老龄化和社会发展的可持续性的一个关键因素。所以，在讲到老年友好社区的时候，大家常常提起比特纳和他的"蓝区"概念。比特纳和他的同事提出了一些建议，要创造一种环境，使"活跃"成为一个安全的、可用的选择，有策略地将致力于健康生活方式的人聚集在一起，让人们参与一种自愿的活动，鼓励他们明确目标，增加社交网络。

增加自己的"社交网络"很重要。外国朋友到中国，特别感兴趣的现象就是中国的广场舞，"广场舞"这个概念已经被有些人搬到他们国家了。反过来，中国社会对广场舞倒是有很多的异议。国外的人对广场舞感兴趣，主要是觉得这是一个特别好的社交方式，而我们中国人却没有把这种社交放在很重要的地位。比如很多街道、城市，都要举行广场舞比赛，从老年人中选出一些跳舞跳得好的人，组成一个队进行比赛，这种情况不能说不好，但有一个问题，就是忽视了它的社交意义。老年人跳广场舞，核心的东西是社交。我们现在已经有了老年大学、老年教育、终身教育的概念，我觉得老年人去学习、接受教育，最主要的目标应该是社交。社交这个概念在中国社会没有得到足够的重视。

英国的"终身社区"是一个全龄的概念，从出生一直到最后老去，倡导人们参与进社区里，这有点像我们以前讲的传统社区，它比较关注社会交融与促进包容、参与和个人发展的社会关系。"社会质量"是在欧洲讲得比较多的一个概念，当然物质环境也是很重要的，但是物质环境是为了促进人的发展、促进人们的社交、丰富人际关系。加拿大提出"老年友好社区"，专注于促进老年人的参与，赋予他们权利，培养他们的能力，以改善邻里关系和社区互动。在社区里面，社区的居民自己争取机会、权利，解决自己的问题，是非常重要的。早在 20 世纪 80 年代，时任民政部部长崔乃夫就提出要开展社区服务。他认为社区服务就是把社区的居民组织起来，让他们自己解决自己的问题，我觉得这一点是非常先进的。

老年友好社区的发展水平取决于物质环境和社会环境两方面因素。通过适当的政策服务和结构，这些因素能够结合起来。事实上，人们普遍认为建筑环境和社会环境是相互依存、相辅相成的。创造无障碍环境，是要让这些有无障碍需要的人更好参与到整个社会中。最近我看到一个小姑娘用手语做脱口秀，后面有一个人给她配音。她中间就讲到了，中国有那么多视听障碍人士，为什么我们在社会上很少看到他们？实际上，即使我们有了很多无障碍设施，但整个社会生活中还是有很多无形的障碍。小姑娘讲得很风趣，她说，"不要说你们这么问，我自己也在问我自己，为什么在这个社会当中，很少能看到我们？"我觉得这是当前中国特别需要解决的一个问题。老年友好社区的一个重要议题就是，老年人不仅是社区的受益者，现在总是"照顾老人"，有些地方我觉得照顾过头了。

我们经常在网上也看到一些为老不尊的现象，比如老年人上车以后，就觉得别人应该给他让座。从社会学的角度看，过度关注本身也是一种歧视，因为关注的前提是认为他的能力不行。在国外，如果一个老人上楼梯，你要主动去扶他的话，他可能会生气。在国外，老年人的这种自立、自信，有时候有点固执，但我觉得这样的人格或者性格对整个社会是有益的。

很多词也有一些问题，比如我们喜欢用"养老"这个词。其实"养老"有很大的不好，这个词很明显地觉得老年人是被养的。对这个词，也可以从对残疾人的社会态度来看，残疾人也是被养的。"被养"这个词对有需要的人群来讲，意味着一种不公平。孔夫子曾说过，养马、养狗也是养，如果养而不敬的话，和养马、养狗有什么区别呢？所以我建议把"养老"这个词改为"老年服务"。实践中，鼓励老年人自下而上地参与，表达他们的关切，并参与服务和设计重点。具体而言，可以通过社会工作的方法，比如焦点小组、深入访谈或者问卷调查等等传统的方式，向老年人提供咨询，使他们参与进来。

老年友好社区的支持性理论。联合国有"老年人五项原则"。这五项原则的第一项就是独立。独立原则包括了六项行动准则，行动准则的第五项和第六项，讲的是老年人的生活环境第一要安全，第二要符合个人的爱好。我把它概括成一个词，叫"适地安老"，老年人应该尽可能长期在自己家中居住。所以现在居家养老是整个老年服务的核心。支持老年人尽可能在家里和社区生活，在经济上和社会上都是有益的。让老年人在适当的地方变老是一项非常复杂的任务，它需要全面的规划和在社区里形成一种广泛的支持性的服务。

在 2016 年，世界卫生组织提出了一系列概念，其中一个重要概念就是新的"健康老龄化"。在 20 世纪 90 年代的时候提出的"健康老龄化"比较广泛，不太好操作。这一次把以前的"健康老龄化"以及后来提出的"积极老龄化"这些概念都融入积极的健康养老这一块。不能狭隘地把老年人的"健康"定义为"没有疾病"。老年人没有疾病是比较少见的，所以什么叫老年人的健康？老年人的健康其实就是能够完成他们认为重要的事情所具备的根本属性和整体属性，也就是说，老年人自己能做他想做的事情。

在健康老龄化的这个基础上，发展出了"功能发挥"的概念。看老年人健康不健康，不是看他有病没病，而是看他的基本功能能否正常发挥，对残疾人而言也是一样。功能发挥取决于两个方面：第一是内在能力，也就是个体在任何时候都能动用的脑力或者体力；第二是环境，从微观的家庭、中观的社区到宏观的社会。环境和内在能力是互动的。目前的研究证据表明，晚年生活的幸福感和物质环境密切相关，物质环境是调节老年精力和机会的重要因素。社区的性质对居住在社区的老年人的活跃性、独立性和生活方式有重大的影响。老年友好已经把社区设计和越来越复杂的场所都考虑进去了。首先，要有一个服务系统支持老年人的生活；其次，要有理念、有好的生活态度；再次，要有建筑环境、社会政策、健康政策等；最后，还要有一个社会环境。把这些联系起来，组成一个网络，才能够给老年人、残疾人更好的生活环境。

老年友好社区的概念及重点，是优化健康参与和安全的机会，以提高人们随着年龄增长的生活的质量。假设要保持人的生活质量不变，随着年龄的增长，老年人的能力越来越差，需要越来越多，就需要优化很多方面。老年友好社区包括许多方面。我们现在讲的无障碍，重在物质环境，但是我一开始就提出来了，障碍可能在人心中。

老年友好社区在中国的实践。《关于开展示范性全国老年友好型社区创建工作的通知》（国卫老龄发〔2020〕23号）是卫健委和全国老龄委发的一个文件。文件指出要提升社区服务的能力和水平，更好地满足老年人的居住环境、日常出行、健康服务、养老服务以及精神文化生活等方面的需要，探索建立老年友好社区创建工作模式和长效机制，切实增强老年人的满足感、幸福感和安全感。文件提出一个数据，到 2025 年，在全国要建成 5000 个示范性城乡老年友好型社区。到 2035 年，全国城乡要实现老年友好型社区全覆盖。2022 年第三季度民政统计数据显示，中国有约 60.6 万个社区，从 2022 年到 2035 年还有 13 年的时间，在城市有 11.7 万个社区，在农村有近 50 万个社区，所以这个任务是很艰巨的。

《人民日报》2022 年 10 月 22 日发表的一篇文章专门讲到了老年友好社区的成就。党的十八大以来，我国不断地深化改革创新，破解体制机制障碍，改善老年人的社会保障、社会服务、养老服务、健康支撑，努力构建老年友好社区，做好健康老龄化的工作，积极老龄观逐渐形成。十年以来的社会保障、养老服务、健康支撑三大体系加快完善，老年友好型社会建设稳步推进。适老化改造，既包括在既有的居住区域里要结合完整社区建设更新工作，因地制宜地补齐养老服务设施的建设，也包括在新建的居住区要推动养老服务设施同步建设、同步验收和同步交付使用。自 2016 年到 2022 年上半年，各地建设改造社区养老、社区服务设施 3.6 万个，结合城镇和老旧社区的改造工作，同步开展无障碍设施、适老设施改造。自 2019 年到 2021 年，各地老旧小区加装电梯 5.1 万部，这也是适老化改造。

接下来讲社区养老。我国不断推进养老服务发展重心向居家社区服务倾斜，指导推动各地建设街道、区域、乡镇养老服务中心和社区嵌入式养老服务机构。截至 2022 年第一季度，全国社区养老服务机构和设施达 32 万个，床位达 308 万张，分别占到全国养老服务机构的设施数和床位数的 88.9％和 38％。2021—2022 年中央专项彩票公益金投入 22 亿元，支持 84 个地区开展居家社区基本养老服务提升行动，推动各地探索家庭养老床位、助餐、助浴、助医、助行、助急的"六助"服务。还有我国深入推进医养结合，将老年健康与医养结合服务纳入基本公共卫生服务项目。截至 2021 年底，全国共有两证齐全医养结合机构 6492 个，机构床位总数 175 万张，医养签约近 7.9 万对，2021 年大约有 1.2 亿 65 岁及以上老年人在城乡社区接受了健康管理服务，推动建设老年友善医疗机构。截至 2021 年底，设有老年医学科的二级以上公立综合性医院达到 4685 个，建成老年友善医疗卫生机构约 2.1 万个，设有安宁疗护科的医疗卫生机构超过一千家。

我们发展很快，我也很高兴，但总感觉讲得更多的是设施、项目，好像总是缺乏了一点什么东西，所以最后我提出"友好在人心中"。我们前面讲了"障碍在人心中"，最后我讲"友好在人心中"，算是一个呼应。除了要改变设施，我们真的需要改变人际关系。好，我今天的分享就到这，谢谢大家。

刘远（主持人）：

非常感谢唐教授。唐教授先给我们分享了无障碍、适老化和老年友好三个概念的关系，然后分享了老年友好社区的由来和发展，以及它背后的支持性理论，穿插分享了美国、英国、加拿大的经验以及我国老年友好社区的建设进展，内容非常丰富。下面我们有请李俊教授与谈。

李俊（与谈人）：

唐老师，非常感谢您精彩的演讲。在场的观众也很了解唐老师，在这个领域他是非常知名的专家。在社会政策、民生政策方面，唐老师有多年的工作经验和理论研究经验，除了养老领域，唐教授在社会保障、贫困救助等很多领域也有深厚的研究经验，所以我也很荣幸有这样一个机会向唐老师学习。我在养老领域做过一些研究，在 2016 年国家社科基金项目开始之前，我就在关注长期护理保险，后来因为做这个课题，做了很多关于失能老年人的调研，就是无论是在家庭、社区，还是养老机构，如何去为他们提供相应的老年服务。我当时其实是一个很朴素的想法，我和我母亲分隔两地生活，我在上海，她在武汉，她一个人生活，如何能够保持良好的生理心理健康？这是我参与老年研究的一个非常重要的原因。我也很希望，我们国家能够真正发展形成一个老年友好型社会，让每个老人都能过得舒心，因为每个人都会变老。

结合唐老师刚才讲的内容，我主要从四个方面做一点回应。第一个方面，我们的时代是权利的时代，权利是基于人的需要产生的，唐老师也提到了，他强调的是需要不是需求，更强调的是人的自然本能。人的基本需要有很多，比如说衣食住行是最基础的，在这种需要的基础上，当我们谈人权的时候，是对社会的要求，要求社会予以回应。如果说有需要，但并没有提出要求，那么社会也不会承认，这实际上不是一个完整的人权的框架。

关于无障碍和老年友好型社会。我常常在想，为什么要特别谈到对这些人群的友好呢？因为社会往往是"强者"居多，所以关注弱势群体，对他们特别友好，能够体现社会进步。但反过来说，如果社会对每个人都很友好，也就不需要特别强调某些弱势群体。继续从权利的角度来说，老年人的需要分为两个层次：一个是基本需要，比如说吃上热饭、能够出门、能看医生，这是一些最基本的；还有一些发展型的，比如说学习更多的知识、有更多的朋友、参与政策和立法的制定。我观察到，哪怕在发达城市，一些老年人的基本需要都没有得到满足。比如我所住的小区没有老年食堂，要吃上一口热饭非常困难，有的时候饭来了，也就凉了。这只是举一个例子，也就是说这些基本的需要还没有能够得到满足，老年人居家养老存在一定的难度。

第二个方面，社会的进步是要落实在一个个社区平台上的，我也非常赞同唐老师的观点。如果老是抽象地谈社会进步，是无从真正地体会的。但如果每个人都能够在居住的社区感到舒心，特别是老年人，那这就是一个明显的社会进步。提到社区，这就是我们谈的居家养老（或是刚才唐老师所说的适地安老）的一个非常关键的要素。不只是中国的老年人，国外的老年人，也不是绝大多数都愿意去养老机构的。为什么？哪怕机构的设施再齐全，老年人也很难实现生活自主，不能完全按照个人喜好来生活。而且很关键的一点，脱离了家庭、脱离了熟悉的社区，老人在心理上会感觉非常不适。所以我觉得，如果我们现在仍然要把重心放在居家养老上，那就要特别强调老年友好社区，这是一个值得在每个社区的框架下去调研的问题。

同样，我们回到社区。中国本身就是一个有着巨大的城乡差异和地区差异的国家。那么如何能够在 2025 年、2035 年，逐渐实现前面提到的目标？我觉得就像扶贫一样，有一个逐渐的、缓慢的进步过程，这是一个不能忽视的问题。

这里就落到我最后想谈的一个问题，如果在中国当下社区差异非常大的情况下，老年友好型的社区可以从建筑环境、社会环境考虑去改善，但由于每个社区的经济发展水平不同，那么它的改进或者改善应该有侧重点。在一些比较高端的社区，居住环境的实现是非常容易的，因为开发商最初就是按照老年友好、儿童友好的标准来建造的。但在一些老旧社区，适老化改造就非常困难。在上海，为了加装电梯，很多居民之间会产生矛盾，因为这涉及经费等一系列问题。也有一些办法谈到房屋置换，比如一些老年人的房屋是在顶层，而加装电梯又没有得到楼栋所有人同意，因此只能采取房屋置换的办法。所以我想，我们要把全国的社区分成不同的层级，根据这些层级，无障碍设计要达到不同的水准，同时也要采取不同的实施方案。

另外关于建筑环境的改善，毫无疑问需要大量的资金投入，也同样存在着地方经济发展水平差异问题。有些地方能投入很多资金，有些地方却不能。在当前的环境下，我们还要把另一方面的重心放在社会环境方面的支持上。就像刚才所说，无形的障碍是最难突破的，也是我们当下最需要突破的。因为如果一个经济比较困难的地区没有能力投入资金改善建筑环境，我们可以通过社会环境的改善，做很多活动告诉居民，老年人是社会的财富，我们应该创造条件，发挥他们的积极作用。把老年人视为一种财富，而不是负担，这在很大程度上能提升老年人在社区的愉快体验，也会使很多人愿意在日常生活中帮助老年人，这可能比短期内难以改善的建筑环境更重要。举个例子，我在美国伯克利访学的时候，看到公交车上有一个可以活动的搭板，在车辆到站的时候，如果车上有残疾人，这个搭板会翻过来倒在地面，残疾人就可以顺着轮椅从坡道上下来。我当时看到这个设施，就在想：这样的设施能不能在中国实现？我想是没有问题的，但除了有效的设施，还需要大众的耐心，等待残疾人优先上下车。在这种环境下，残疾人才能够真正实现自由出行。我们今天谈无障碍设施，实际上更要消除人们心中对残疾人设置的障碍，有意愿为他们提供一些服务，更加包容他们，才能让他们更多地为这个社会贡献自己的才智。

刘远（主持人）：

李教授的点评非常精彩。我刚才也尝试总结了几个关键词：一是需要和权利；二是社会与社区；三是有形障碍和无形障碍。按照议程，剩下的时间是自由讨论时间。聊天室有一些问题是："养老院的产业有没有可能会迎来一些变革？养老院能不能接入外部的一些服务承包商，给养老院带来一些新鲜的血液，让它不那么封闭？"

李俊（与谈人）：

我去看过养老院，包括高端的、中档的、一般的，甚至现在还有一种比较时尚的养老地产。我觉得，凡是养老院都会在安全方面考虑很多，但是这样会对老年人的生活带来一些限制。从我了解的养老地产来看，他们已经接入了一些服务商，包括医养结合、雇用社工给老年人做活动、心理疏导等等。但是它不等同于完整意义上的社区。我说的完整意义上的社区，就是有不同年龄层次的人。实际上，并不是所有老年人都喜欢和老年人在一起，他们也很希望看到一些有朝气的面孔。有各个不同层次的人，这样反而对老年人的心理健康更加有益。现在机构养老普遍受到诟病，是因为它是相对封闭孤立的状态，这并不是引入外来的承包商，或者引入更年轻的照顾者就可以改善的。

刘远（主持人）：

我想请教一下唐教授和李教授，老年人所需的无障碍跟年轻人的无障碍需求会不会有不同？这两个年龄群体的无障碍需求会不会有矛盾？如果有的话如何协调？

李俊（与谈人）：

老年人需要的无障碍有几个特点。一是要适合轮椅移动，其实残疾人里有很大比例是残疾老年人，所以对地面是有要求的。年轻人可能不需要那么多坡道，更多的坡道反而会占用一些空间，有楼梯可能就很顺畅。我倒觉得这不是一个很大的矛盾。

刘远（主持人）：

李教授谈了几个点，我觉得非常重要。我在研究中产生的困惑是，我们现在要全面推行老年友好型社会，有六十多万个社区，每个社区都要做到老年友好，其实是一个非常艰巨的任务。经济发展水平不一样，或者地理条件、生活习惯、家庭结构、生活方式不一样，也会使得每个社区的老年人、残障人、儿童在自己生活中所面临的基本需求的重点和难点不一样。我在想，能不能对这些痛点、难点列一个表，哪些是必须满足的基本需要，哪些是可以缓一缓的。但是我想，即使有这种列表，也会产生不好的现象。比如我看到外国有学者说，现在外国老年友好社区建设产生了阶层的身影，比较富有的老人就生活在非常友好的环境中，家境不是那么好的老人生活环境就不那么友好，我们该如何解决这个问题呢？

唐钧（主讲人）：

不同的人群，不同类别的残疾人，他们的需要肯定是有差别的，但是同样一种类型的残疾人，他们的需要之间的差别究竟有多少？这个问题是需要仔细研究的，不好随便说。我再举一个例子，我曾经提出过一个问题，很多城市都修了盲道，但是有的盲道损坏了，有的盲道被其他东西堵住了。在复旦大学门口，有一条比较窄的马路，对于一些老年人而言，走路很不舒服，有崴脚的危险。所以不同的人使用无障碍设施的感觉是不一样的。我提出这个问题，有人回答说，国外已经不用盲道，而是用导盲犬。对这个同学提出来的问题，我没有这方面的体验和研究，所以不太好回答。

除了养老院，其实农村敬老院的模式也不错。我觉得农村的敬老院现在很多地方都修得很好，但是有一个问题，现在的"五保"老人越来越少，我一直主张农村的敬老院公办民营，引进外面的老年服务机构经营敬老院。我在河北看到一个敬老院，里面大概有 80 张床位，设备很齐全，但里面只住了 12 个老人，这也是一种浪费。它完全可以引入养老服务的供应商经营，向社会开放，能够取得更好的效果，也可以改善"五保"老人的生活。

唐钧（主讲人）：

刚才有位同学说，不能将残障无障碍和适老化混为一谈。我只是讲它们背后的理念是一致的。因为很多的时候，适老化也涉及残障的问题，它们实际上是一样的，因为年纪大了以后也会有精神障碍、视力障碍、肢体障碍等，所以在适老化里也有一些跟残障有关的障碍。如果非要找它们的差异，有时候会比较麻烦。我觉得盲道对盲人而言是一种便利，但对老人而言走起来不太舒服。我作为老年人，有时候肌无力，在盲道走的时候很容易摔跤。我最近对残疾人事业方面研究得少，但和老年友好社区的概念差不多的是，应该有一个残疾人融入社区的概念，这对残疾人来讲更重要。

刘远 （主持人）：

还有一个问题，现在关于无障碍有两条路：一个是残联主导的，与无障碍相关的服务体系与制度；另一个是适老化相关的制度、政策以及实践。这两种体系、两种制度，两方面的行动如何衔接起来，灵活调集资源，使残障者、老年人都能受益？

唐钧 （主讲人）：

这是一个很重要的问题，也是一个很难解决的问题。二者的需要是差不多的，可以共用的地方非常多。我建议，既然《无障碍环境建设法》把残疾人和老年人都放进去了，可以专门设一条规定：相关的部门，比如住房和城乡建设部、民政部、残联，应该有一个联席会议，大家一起讨论、一起制定方案、一起实施。还有一个办法就是落实到基层，在街道里统一实施。从社会学的角度来讲，社区无所谓大小，有一群人固定地住在一个地方，就形成了一个社区，街道也是一个社区，小区也是一个社区。这个问题要通过制定法律、相关文件解决。

李俊（与谈人）：

我非常赞同唐教授的观点。从国家治理角度来进行统筹，要有一个人来牵头，把大家团结起来。行政部门之间要合作，最主要的目的是满足人民美好生活，让人民有满足感、幸福感、安全感，达到这个目的就好了。

刘远（主持人）：

刚刚聊天框里就这个问题举了一个例子，现在养老院床位数量比较多，当然也可能是不够的。有没有可能在某些情况下，把养老院的设施也为残疾人所用，提高利用效率。或者搞一些灵活便利的举措，比如养老院的空床位，如果相关残疾人有需求，也可以去申请使用。两位老师如何看待？

唐钧（主讲人）：

如果仅仅从生活上来讲，重度残疾人的供养服务可以和老年人合二为一。中国老年人床位严格来讲并不够。但是由于很多原因，比如长期护理保险没有普及，很多老人没有住进去，而住进去的又不完全是有需要的老人，所以这些方面比较复杂。但是从长远来看，我觉得残疾人和老年人的服务方式可以合起来。

李俊（与谈人）：

我也补充一两句。按照失能等级来看，不用特别确定是残疾人还是老年人，如果达到了一个非常高的级别，那么更适合机构照料。长期护理保险也要评定老年人的失能等级，我觉得这是相对科学的方式，重点还是要根据他们的需要提供服务。

唐钧（主讲人）：

有一位朋友发表了很多意见，我回应一下。"无障碍本身是一个通用概念，在具体的合理便利上，需要区分各种人群的需求。"我很同意他这个说法。因为前两年我做过一些残疾人研究，我觉得残疾人无论从种类还是层次上划分都是非常复杂的。不同的人群有不同的需求，这个方面要分门别类，把工作做得越细越好。有一位朋友说："最好的方式是在社区，在家中养老最舒心。"全世界都一样，我们总是觉得国外的老人都是住养老院的，其实不是。有学者从欧洲访问回来，说欧洲的很多老人都是在家里养老的。

世界卫生组织有一个评估，结果表明老人都愿意在家里养老，只有必须要得到专业护理的时候才会去养老院，即使去了，心里也是不情愿的。所以老人居家养老是一个发展方向，居家照护残疾人也应该是一个发展方向。现在的居家养老是有问题的，每个星期去几次、每次去几个小时，满足不了老人的需要，所以居家照护首先要在家里落实一个非正式的照护者，家人、邻居、志愿者等都可以，但是要有一个或者几个人，基本上满足老人 24 小时的陪护需求。

一定要承认，照护是一种社会劳动，把照护当作家务事是错误的。如果一个人全身心在家里照护残疾人、老年人，社会、政府应该给他提供生活费。我觉得将来能够形成一个大的照护产业，照护者基本上在家里工作，但他可以属于某一个机构，由机构对他进行培训、考核，这样可以满足大多数人的需要。反过来，老年人也可以出去为别的老年人服务，但是，最好是从自己家里的老年人做起，在照护过程中学会技术、端正态度。等到他自己家的老年人百年以后，他就愿意为别人服务，因为他已经过了这一关。现在很多养老院的院长之所以能当院长，就是因为他有照护自己家里老人的经历。

刘明（观众）：

我是华中师范大学特殊教育系的老师。我觉得老年人遇到的很多问题和残障者遇到的问题很相似。刚才两位老师也提到了对老年人存在的一些误解，认为老年人的生命走下坡路，丧失了能力，甚至由此延伸出老年人是没有价值的，其实这种情况在残障人群当中也比较普遍。但从人的角度去理解的话，老年人、残障人是不是没有价值？我觉得这是值得商榷的。每个人都会老，年老时身体的衰退某种意义上会带来残障，当然这个严重程度不一样，或者说残障时的需求有所不同。所以有的时候残障和老年问题合并起来，这个事情就变得更加复杂。在残障领域非常强调每一个人都应该是独立的个体，有自己的尊严和价值。在生活中，也应该有足够的独立性。某种意义上也是保护他内心的自尊需要，保护他的价值感、归属感——让他意识到：我还是人群当中被需要的成员，我是有价值的。

不管是养老问题还是残障问题，我们应该更多考虑如何支持他们，让每个人都应该作为一个人而活着。所以提供服务的时候，更多要考虑的是需求在哪里，应该根据老年人的需求提供相应的服务和支持。事实上，"老年人的需求是什么"才是最根本的。刚才有其他听众也提到了一个问题，不同的人需求不一样，尤其是对于老年合并残障问题的人来说，需求更加突出。这个时候，我们要想的是提供支持服务，比方说经常听到残障人群呼吁，建一个专门的残障者社区，不同类型残障者需求不一样，这类需求有专门的社区，那类需求有专门的社区。但是，把残障人跟其他人全部分割开，这类社区真的好吗？我对这类呼吁是坚决反对的，而且特别希望在今后的工作当中，更多人能认识到这一点，而不至于继续走弯路，谢谢。

刘远（主持人）：

无障碍环境建设法大讲堂，其中一个主旨是汇集不同专业、不同视角的声音。我们今天讲的老年人视角下的无障碍与残障人视角有很多相通的地方。打破隔离，建造一种平等的充分参与的社会体系、社会环境，搭建一个开放的、有效的沟通平台，让大家都能参与进来，共同推进无障碍环境建设制度的相关完善。最后，欢迎参加论坛的各方面人士继续关注无障碍环境建设法大讲堂。再次感谢两位教授，再次感谢手语翻译，感谢会务人员。我宣布今天的讲座就到这里，谢谢大家。

第六讲

融合教育背景下的无障碍校园环境建设

（2022 年 12 月 7 日）

主讲人：许巧仙

与谈人：刘　璞

主持人：雷江华

雷江华（主持人）：

　　大家好。今晚的讲座提供速记字幕和手语翻译，有需要的听众可以在设备上设置，以便了解这次讲座的信息。今天我们非常高兴，请到了南京特殊教育师范学院的许巧仙教授，她今天给我们讲的是融合教育背景下的无障碍校园环境建设。在讲座之前，我先介绍一下两位嘉宾。许巧仙教授是南京特殊教育师范学院副校长、江苏省"六大人才高峰"高层次人才培养对象、第四期"333高层次人才工程"培养对象；曾经前往美国哈佛大学法学院访学；主要从事残疾人社会融合、基本公共服务和残疾人政策法规研究工作；主持和参与了三项国家社科基金项目，在国内外发表中英文学术论文50余篇，出版多部专著，是很多项目的评审专家，兼任残疾人事业发展研究会常务理事、南京市社会学学会副会长等职。今天跟许教授对话的与谈人是刘璞教授，她是西北政法大学的硕士生导师，教育部政策法规司与西北政法大学共建教育立法研究基地的执行主任，中国教育战略发展学会教育法治专业委员会理事，残疾人事业发展委员会残疾人权益保障专业委员会委员，陕西省宪法学研究会理事；主要研究教育法学、未成年人保护法、宪法学、残疾人权益保障等。我们先有请许巧仙教授做"融合教育背景下的无障碍校园环境建设"的报告，有请许教授。

许巧仙（主讲人）：

我很高兴，武汉大学法学院和张万洪教授给我一个机会，跟大家分享这个主题。雷院长是华中师范大学融合教育学院的院长，我们都是为了能让残障孩子更好地接受教育而工作。为什么我选择了这个题目？因为我从1997年进入南京特殊教育师范学校（现为"南京特殊教育师范学院"）以后，一直跟特殊教育打交道，我们学校目前有200多名接受高等融合教育的残障大学生，我平常对他们学习生活过程中遇到的障碍有一些关注，因此产生了这样一个关注点。在更多孩子接受融合教育的过程中，无障碍校园环境建设越来越重要。2020年习近平总书记在湖南座谈时指出："无障碍设施建设问题，是一个国家和社会文明的标志，我们要高度重视。"各级各类学校用于满足融合教育残障学生以及其他学生生活需要的无障碍环境建设就是体现我国社会文明的重要窗口，我也借此做一个分享与呼吁，把这些年关注到的孩子们在学校接受教育遇到的障碍，以及怎样有效解决障碍问题的思考做一些分享。

融合教育（也称"全纳教育"）是1994年联合国教科文组织在西班牙萨拉曼卡召开的"世界特殊教育大会"上提出的，《萨拉曼卡宣言》第一次提出了"融合教育"和"融合学校"概念。无论是在此之前还是之后，我国各类残障儿童都有在普通学校随班就读的，而在这次会议后，国家在立法政策上更加着力推动各类残障儿童、少年到普通学校随班就读，这是中国特色的融合教育。随着孩子们接受教育的水平不断提高，有更多孩子接受高等教育，教育部和中国残联联合开展残疾人高等融合教育试点，我也发现越来越多的残障孩子进入普通教育体系中接受教育了。无障碍校园环境建设不仅仅是指特殊教育学校的无障碍环境建设，随着越来越多的残障孩子进入普通学校就读，普通学校开展无障碍校园环境建设也变得日益重要。基于此，我今天跟大家分享我对于无障碍校园环境建设的几点认识。

首先谈谈无障碍校园环境建设的内涵和它对于推进中国式教育现代化和特殊教育普惠发展的重要意义。近些年，随着融合教育的发展，无论是立法还是政策对于无障碍校园环境建设都有鲜明的表述和要求，在实践层面也取得了卓越的效果，越来越多学校都在建设无障碍校园。但我们又要清醒地认识到，目前的无障碍环境建设还面临着巨大的挑战。

我看了学术界对"无障碍校园环境"内涵的研究和界定，曾经无障碍校园环境更多关注的是无障碍校园设施、无障碍设备，即有形的物理环境。事实上，观念的无障碍、制度的无障碍等无形的无障碍越来越重要。结合我对目前学校的无障碍环境建设的一些探索，可以从以下三个方面进行概括。一是无障碍校园环境建设，让残障学生等有特殊需要的学生在校园里能够自主安全通行，顺利出入各类生活学习场所，这是第一层次的物理设施无障碍；二是要有能够自主参加课堂学习、考试和师生互动的各种资源支持，这是第二层次的教学环境无障碍；三是人文环境，使残障学生能够独立参与各类社团活动。

其次，无障碍校园环境建设到底有哪些重要的意义？第一，无障碍是一个国家和社会文明程度的标志之一。第二，中国教育现代化坚持立德树人、以生为本，构建能满足特殊需要学生的生活和学习需要的无障碍校园环境，这是新时代中国教育现代化的必然。第三，党的二十大报告指出要强化特殊教育普惠发展，《"十四五"特殊教育发展提升行动计划》（国办发〔2021〕60 号）也提出要以"适宜融合"为目标，办好特殊教育，让每一名残障儿童青少年都有人生出彩的机会，普通学校无障碍校园环境建设就是强化特殊教育普惠发展、构建适宜和融合的教育环境的应有之义。

最后，对接受融合教育的学生来说，它是学生平等接受教育的条件保障。长期以来，很多残障学生到了普通学校没有接受到高质量的融合教育，其原因之一在于没有构建起无障碍的校园环境。按照法律的要求，残障学生在入学机会上平等地进入了普通学校，但在平等地享有受教育权的过程中，除了接受教育机会的平等，还有过程的平等和结果的平等。如果残障学生在一个到处都是障碍的普通学校里接受融合教育，依然不能实现很好的发展，反而不利于学生走向社会。我们也有一些失败的案例，孩子们信心满满地进入普通学校接受教育，但因为各种条件不能够满足他的特殊需要，或者说，普通学校里有物理障碍、无形障碍，导致他不得不又从普通学校转到特殊教育学校。如果要让孩子在普通学校里平等地接受教育，享有机会平等、过程平等和结果平等，那么就离不开无障碍校园环境建设。这是无障碍校园环境对于国家特殊教育的普惠发展，以及对于接受融合教育学生的重大意义所在。

关于无障碍校园环境的立法有一个逐步推进和不断完善的过程。我国《残疾人保障法》1991 年开始实施，于 2008 年修订，并于 2018 年修正，其中"无障碍环境"单列一章。该法第五十二条第一款规定："国家和社会应当采取措施，逐步完善无障碍设施，推进信息交流无障碍，为残疾人平等参与社会生活创造无障碍环境。"但在后面的具体条款里对于无障碍校园环境建设没有明确规定。在《无障碍环境建设条例》里对无障碍校园环境建设有规定，即第十二条中规定"县级以上人民政府应当优先推进下列机构、场所的无障碍设施改造"，这里强调了特殊教育、康复、社会福利等机构，后面有文化、体育、医疗卫生等单位的公共服务场所，但是没有对"学校"的明确列举，但至少明确要求了特殊教育、康复、社会福利机构的无障碍设施改造。2017 年修订的《残疾人教育条例》第五十条明确规定："新建、改建、扩建各级各类学校应当符合《无障碍环境建设条例》的要求。县级以上地方人民政府及其教育行政部门应当逐步推进各级各类学校无障碍校园环境建设。"现在无障碍校园环境建设最直接的法律依据是《残疾人教育条例》。我们也欣喜地看到《"十四五"特殊教育发展提升行动计划》里有针对特殊教育学校校园环境的相关规定。教育部印发的《特殊教育办学质量评价指南》里的关键指标"创设无障碍环境"中包括物理环境、智慧校园、智慧课堂等考查要点，这使以后发展特殊教育办学有了明确的依据，这就是这些年推动校园无障碍建设的重大成效。我们欣喜地看到了今年的变化，新出台的政策已经把无障碍校园环境建设内容考虑进去了。

另外，在残疾人高等融合教育方面，很多高校，包括北京联合大学、长春大学、南京特殊教育师范学院、武汉理工大学等，都卓有成效地探索了融合教育背景下的高校无障碍校园环境的改造和建设工作，并且各有特色。另外，教育部在编制各级各类学校建设的标准上，也明确要求按照无障碍设计的要求建设学校。教育部在关于农村中小学学校建设和中等职业学校、幼儿园建设标准、普通高等学校建筑面积指标等文件都提出在建设中应满足无障碍设计要求。在这些立法和政策的推动下，全国特殊教育学校积极开展了无障碍校园环境建设，一方面是相关部门主动作为，另一方面也是学生需求促使学校改善无障碍环境。

我去浙江省、上海市，以及江苏省南京市的学校比较多，在这些地方看到了很好的无障碍校园环境，例如南京聋校、盲校都有很好的做法。当然，在早期建设的普通学校里，无障碍设施仍是不够的，但在各级各类普通学校的新建校园里，有比较超前的设计，都是按照无障碍要求建的。中国残疾人福利基金会联合多家企业援建的全国首家全部无障碍学校，是都江堰市的友爱学校。学校里安装了12部电梯，所有楼栋都是廊道连接，各种场所都考虑到了各类残障者的学习要求，包括视力、听力、言语障碍的学生都能无障碍地获得信息。这是近十年各地在推进无障碍校园环境建设过程中取得成功的案例。

此外，还有高校的无障碍校园环境建设。我们学校（南京特殊教育师范学院）从2002年开始面向听障学生开展高等融合教育。在不断深化高等融合教育改革过程中，已经面向视力、听力、言语、肢体、轻度精神障碍等学生开设专业。在不同专业的学习里，学生们提出了多样的无障碍学习支持需求，学校在构建"学习需求为本"的原则上不断地探索无障碍环境建设。我们学校一开始没有把设施和设备无障碍放在首位，而是更多强调形成包容残障学生的校园文化，让残障学生入学之后并不感觉自己和别的学生不一样，我们的努力也取得了很大的实效。我们学校注重构建无障碍的人文环境，让学生入学后有平等和包容的环境，学校的校训就是"博爱塑魂"。

文化构建离不开物理环境的无障碍。学生所到之处，例如教室、操场、图书馆、报告厅，我们都一步一步地完成改造。有时出现改造后反而不能安全通行的情况，我们就会进行二次改造，使学生能够无障碍地出入教室和图书馆、操场、报告厅等各类场所，这都是花了几年时间慢慢地做到的，现在基本上所有行政楼、教学楼都安装了电梯。现在南京特殊教育师范学院构建无障碍学习环境的相关做法中，最典型的是无障碍图书馆。学校里的图书馆为视障、听障的大学生准备了不同的学习支持设备。无障碍图书馆是融合教育资源中心，是学校专门打造的资源中心，也是为视障学生提供的学习交流的场所。这里有盲文资料、点显器以及学生所需要的其他资料、设备，可以让学生无障碍地获取资源。图书馆购置了价值近一百万元的阳光读屏软件、盲文刻印机等，为低视力学生和盲生制作大字号和盲文版试卷。另外，图书馆的盲文图书藏书量达到上万册，同时配备各种放大器、读屏软件等辅助信息工具，方便视障学生阅读和学习。针对听障学生，图书馆专门打造了听障融合教育中心，为其提供学习交流的环境。针对课堂教学，学校为听障学生购入了科大讯飞软件，覆盖 36 个终端、26 间教室，学生可以在教室里享受声文转化系统支持。学校贯彻"一人一案"政策，依托学院建立个别化档案，为残障学生提供个别化的支持。此外，教务系统通过课程置换学分、课程老师安排、考试方法变通等方式，让接受融合教育的残障学生在普通专业里和其他学生一样享有资源，这就是教育过程的平等。我们探索了残障大学生入学学习评估、学习辅助器具配置、考试便利支持服务。例如，我们用一个暑假的时间把大学英语四、六级考试的英文试卷转换成盲文试卷，用于视障学生复习，他们也不负众望地通过了考试，这一切都离不开团队对便利服务和资源转换项目的探索。

在此过程中，我越来越体会到，设施的无障碍是基础。学习的无障碍支持，具体来讲包括资源支持、手段支持、服务支持，这些才是实现残障学生教育过程平等和教育结果平等的重要支撑。

但不得不面对的现实问题是，我们国家学校的数量特别多，如果要求所有普通学校都开展无障碍校园环境建设，任务就非常艰巨。另外，2020年教育统计数据显示，我国有普通高等教育学校2738所，高中阶段教育学校20000多所，初中阶段教育学校50000多所，初等教育学校160000多所，这是庞大的校园数量。我建议无障碍校园环境建设分步实施，而不能盲目追求一步到位。2020年特殊教育学校的在校生总数是88.08万，但在普通学校随班就读的人数是43.9万，后者达到了前者的近50%。越来越多的残障学生进入普通学校就读，这对校园的无障碍环境建设提出了迫切的需求。关于融合学校数量的增长，我没有全国的数据，但江苏省从2018年底开始启动普通学校融合教育资源中心建设，经过了几年的建设，2022年，江苏25%的学校（根据总数来算）建了融合教育资源中心，更多残障学生进入了普通中小学、幼儿园，他们对于无障碍校园环境建设需求十分迫切，改造的任务和建设的任务非常重。另外，《中国残疾人事业统计年鉴》数据显示，2017—2021年残疾学生接受高等融合教育和考取普通高校的专科生、本科生、研究生数量持续增长，其中盲生增加了约33.8%，聋生增加了约60%，肢体残疾学生增加了约35%，说明越来越多的残障学生进入了普通高校接受融合教育。

在看到成绩的同时，我们也要看看哪些地方还存在不足。教育部门没有出台普通学校推进无障碍校园环境建设的要求和举措。现在普通学校的无障碍校园环境建设无论是硬件设施还是软件设置，对于实现无障碍目标，例如学习环境无障碍、人文环境无障碍，以及融合教育学生的"可及、可达、可用"，都还有很大的进步空间。此前对全江苏省的1万多所普通学校进行调查，发现目前仅仅就物理环境设施的改造而言，教学楼的出入口坡道、楼梯双侧扶手、无障碍厕所这三项就还有好多学校没有做到。

我认为要从以下四个方面推进我国的无障碍校园环境建设。第一，要有立法强有力的保障。这次的《无障碍环境建设法》草案关于教育考试服务的无障碍规定非常明确，即国家举办的教育考试、技能技术型考试、招录招聘考试等应该为有无障碍需求的考生提供便利。关于硬件建设，我发现没有特别具体的明确要求，但是在第二十三条第一款针对企业规定了"残疾人集中就业单位应当按照有关标准和要求，建设和改造无障碍设施"。我想，我们是否可以把特殊教育学校的无障碍环境建设上升到《无障碍环境建设法》中，强制性地推进其建设。普通学校规模庞大，无法一蹴而就，建议国家鼓励和支持各级各类学校开展无障碍设施建设和改造。此外，第三十四条第二款规定了"银行、医院、铁路客运站、城市轨道交通车站、民用运输机场航站区等"的无障碍建设，能不能把"学校"加入这一条。

第二是以政策工具和督导工具推进无障碍校园环境建设。教育行政部门可以考虑把经费、资源给普通学校，有专项的资金支持，肯定能起到很好的效果。对于普通中小学校的校园环境的改造，我看到救助儿童会的"全纳教育项目"中有一个《全纳教育校园无障碍设施改建标准》，可以借鉴和学习。我国台湾省出台的扶助改善无障碍校园环境补助原则，明确了补助的经费、对象、原则等。我国台湾省的无障碍环境建设在这样一个强有力的政策工具影响下，取得了很好的成效。《残疾人教育条例》关于各级各类学校无障碍校园环境建设有明确的要求，据此可以在普通学校办学督导内容中增加无障碍相关指标或者开展无障碍校园环境建设专项督导，推动普通学校积极开展无障碍校园环境建设，营造良好人文环境，为融合教育奠定环境基础。

第三，校园无障碍理念知识的宣传和培训。我在和普通学校的校长、老师交流的过程中，发现他们对无障碍缺乏了解。因此，通过宣传无障碍理念，可以增强普通学校对无障碍的重视程度，所以我建议在校园环境建设相关部门负责人和服务人员的业务培训中加入无障碍校园环境建设内容。

第四，关注新建、改建、扩建校园问题，以及智慧校园植入无障碍道路设计问题。新建校园无障碍通用设计要坚持整体性原则、通用性原则、可及性原则和安全性原则。例如，清华大学编制的校园总体规划无障碍专项能够为未来高校无障碍校园环境建设提供参考，西湖大学有校园无障碍环境设计的指南与图示，高校管理工作者在建设校园环境过程当中可以学习和参考。另外，就是无障碍设计规范、无障碍标识的问题。我们可以先把标准传达给学校负责相关工作的领导，然后他们按照这个标准来建设，在这个过程中要加强培训。值得注意的是，除了无障碍设施之外，更重要的是人文环境建设，这需要全体中小学校、高校的教师、教职员工共同努力。

最后，我以一句话结束今天的演讲。《中国教育现代化2035》提出全面推进融合教育，推进我国各级各类普通学校无障碍校园环境建设是教育现代化的重要内容之一，所以根据《无障碍环境建设法》，各个部门、学校都要共同推动无障碍校园环境建设，营造良好的人文环境，为融合教育奠定良好的环境基础，让更多的残障学生、有特殊教育需要的学生能够融入普通校园，实现融合发展，最后与全国人民同步实现共同富裕。谢谢。

雷江华（主持人）：

非常感谢许教授，刚才她从内涵、重要意义、立法政策、展望四个方面提出了很多的建设思路。我想她的目的是通过无障碍环境建设的思考，让我们在平时工作过程中关注无障碍设计，让所有人都能平等地进行无障碍的学习，最终都能实现无障碍的成长。今天的与谈人是刘璞教授，他在法律法规方面也有很精深的研究，现在有请刘教授点评。

刘璞（与谈人）：

首先感谢万洪老师能给我这次机会，在此之前我阅读了许教授的很多文章，深受启发，今天很高兴听到了许教授精彩的讲座。首先我想谈一点我对讲座的体会，然后谈一点自己的思考，希望各位专家、老师批评指正。

我从宏观上的感受是讲座围绕着无障碍校园环境建设主题，从物理环境无障碍、教学环境无障碍、人文环境无障碍这三个维度展开。许教授从制度上梳理了中央的法律制度，同时也考察了实践，在实践考察的过程中不断地反思，提出了很多建议，非常有建设性。她提到的鲜活的实践案例给我们打开了视角，我们不仅要在理论中探讨这些问题，更多的是要回顾实践中做了些什么。讲座的一条主线是法律政策，她围绕《残疾人保障法》《无障碍环境建设条例》和《残疾人教育条例》展开，还涉及其他一系列指南、政策，非常成体系。这次讲座同时也是一个生动的高校无障碍环境建设的范例。

其次我想针对与校园无障碍环境建设有关的几个问题谈谈自己的看法。"融合教育"理念下的无障碍校园环境建设、"包容性教育"理念下的无障碍环境建设，以及"全纳教育"理念下的无障碍建设，它们的内涵到底是否一样？如果不一样，为什么不一样？会不会因为不一样，在制度设计的时候，出发点就会转变。《残疾人权利公约》提出"确认残疾是一个演变中的概念，残疾是伤残者和阻碍他们在与其他人平等的基础上充分和切实地参与社会的各种态度和环境障碍相互作用所产生的结果"，不能仅仅考虑个体感受，也不能仅仅考虑社会因素。

在这种前提下，我一直在思考，到底什么是包容性教育、什么是融合教育、什么是全纳教育。我查阅了相关的资料，比如《残疾人权利公约》和《萨拉曼卡宣言》，将它们的英文翻译成中文，《残疾人权利公约》里使用"包容性教育"，在《萨拉曼卡宣言》里使用"全纳教育"，但它们的英文表述是一模一样的。从这一点上我可以得出结论："包容性教育"和"全纳教育"是相同的概念。而《残疾人教育条例》使用的是"融合教育"概念，有的学者认为融合教育就是全纳教育，也有学者认为它们不一样。从受教育主体来看，它们是有差异的，"融合教育"主要面向残疾人，而"全纳教育"或者"包容性教育"面向的是所有学生。如果这样理解，融合教育理念下的校园环境建设和包容性教育理念下的无障碍环境建设在立法和政策导向上就会有不同。《残疾人教育条例》第五十八条中规定："融合教育是指将对残疾学生的教育最大程度地融入普通教育。"从表述来看，在《残疾人教育条例》的立法理念中，残障学生是少数，普通学生是多数。因此，应当通过改变环境，让残障学生努力适应普通学校的教育。我考察了欧洲和美国早期的特殊教育，其实像我国现在一样，他们采纳的就是残障学生融入普通学校的观念。但是到了20世纪90年代，美国在教育改革和机制重构之后提出了"包容性教育"，"包容性教育"其实是面向所有的学生，不仅面向残障学生，还面向非残障学生。那么这里的问题是，合理便利的"度"在哪里？如果把无障碍校园环境建设放在"包容性教育"的理念之下，我们很难分清楚残障人在普通学校里接受的教育是普通教育还是特殊教育。我们国家提出"融合教育"，与国际社会提出的"包容性教育""全纳教育"理念，还是不太一样的。所以，问题是我们怎样在包容性教育理念下设计无障碍校园环境。《残疾人教育条例》规定优先采用普通教育形式，前提就是残疾人得有能力接受普通教育，如果没有能力，就不被学校接受。最典型的例子就是高等学校招生时有体检标准，这个体检标准由学校具体制定，往往学校说我们没有无障碍设施，所以学生不能来上学，学生就觉得无法实现受教育权。所以我觉得，无障碍环境建设和合理便利、通用设计问题息息相关。

如果以包容性教育的概念去理解无障碍校园环境建设：第一，要注意把握度；第二，设计时要注意"你中有我、我中有你"的理念。

什么是包容性教育？就是不歧视、优质和免费的教育。从"所有人"的角度理解，无障碍校园建设，不仅包括校园内部，也包括校园外延伸的一部分；甚至不仅仅包括学生，也包括整个残障和非残障群体；包括有声的，也包括无声的；包括可触摸到的，也包括态度上的；等等。这是我的一些想法，希望各位专家、老师批评指正。

雷江华（主持人）：

谢谢刘教授对许教授的发言做了全面的回应，也提出了自己的思考，特别是关于在对"融合"存在不同理解的情况下，如何进一步地思考无障碍环境建设，这的确是在具体建设的过程中需要进一步深入探讨的问题。今天听讲座的各位嘉宾和同仁也应该有自己的体会，那么我还是要把时间交给听众。

问题一:

现在全国有这么多学校,是不是有专项资金支持无障碍环境建设?

许巧仙（主讲人）:

我了解到,目前还没有专项的资金支持。我在美国的时候,考察了美国人的高校和普通学校。他们的学校也是一年一年做下去的,通过几十年的努力才达到的。很多事情不是能一步到位的,要先有资源,当然资源包括人力资源、经济资源等。教育事业是干出来、奋斗出来的,要一点点往前干,需要每个人贡献自己的力量往前推进。

问题二:

南京特殊教育师范学院有没有融合教育专业?

许巧仙（主讲人）:

我们学校除了特殊教育专业外,其他的师范专业是按学科设置的,有数学、语文、英语等学科,然后是"学科＋特殊教育课程模块"，孩子们在学校里面接受了师范类教育以后，能够为融合教育提供基础。事实上这四年的教育并不够，未来我们学校师范类教育可能采取"4＋2"的方法，先"有"后"好"。

问题三：

有没有关注残障女性在校园环境中的特殊问题？

许巧仙（主讲人）：

这是非常好的问题，接下来在融合教育实施中会关注男女同学差异化的需求。

雷江华（主持人）：

最后我谈一点自己的体会。这里有几个问题，第一是理论与实践的关系。怎么融合、怎么做好，我觉得有的是理论问题，有的是现实问题，实践和理论之间如何架起桥梁，是需要理论工作者和实践工作者共同努力的。第二是理想与现实的关系。每个人都有理想，刚才很多朋友提出的实际上是理想，刚才许教授提到的既有现实也有理想，所以她既是现实主义者又是理想主义者，我们要在理想主义和现实主义中间找到一条出路，我个人觉得就是实用主义。

那么还有解读和解析，特别是对政策法规而言。解析是为了更好地出台政策，未来能够更好地去解读它、让它好用，推动无障碍建设。最终可能有问题需要我们去解答，答案可能在手上，也可能在心上，我们怎么去做？我想每个人都需要思考。两位教授都谈到了，在建设过程中要逐步地完善。"逐步"，我个人理解就是"从无到有""从有逐优"的过程，要不断地追逐。那么在过程中，我们要解决的问题，第一就是要抓重点，许教授讲了很多重点，刘教授讲的也是理论上的重点。我们怎样把理想和现实之间的距离变短一点，是要去思考的。第二，抓到重点以后，要去解决难点，无障碍环境建设在不同的地方、不同的学校，要解决的问题是不一样的。有的地方是经费问题；有的地方可能经费没问题，但是设计不到位；有的地方设计了，但是落实不到位。每个地方的难点是不一样的。还有，在做好的过程中怎样体现出特点？例如刚才有同学讲到了女性残障者的障碍具有特殊性，怎样面对这些残障者的特点？把这些特点擦亮，最后就能变成亮点，这是在无障碍建设过程中，每个人都想达到的目标。我希望参与今天这场讲座的所有朋友们能够共同努力，共同推动无障碍建设，让无障碍环境建设变得更好。

第七讲

从特殊到普同
——无障碍环境建设立法理念变迁

（2022 年 12 月 14 日）

主讲人：杨立雄

与谈人：李红勃

主持人：丁　鹏

丁鹏（主持人）：

尊敬的各位同仁，大家晚上好。我是丁鹏，是今天晚上讲座的主持人。欢迎各位来到无障碍环境建设法大讲堂第七讲，今天我们有幸请到中国人民大学杨立雄教授为我们分享《从特殊到普同——无障碍环境建设立法理念变迁》。在我们系列大讲堂的前面几讲中也介绍过，这是武汉大学人权研究院和残疾人事业发展研究会权益保障专业委员会联合举办的系列讲堂，之前邀请过中国人民大学法学院的黎建飞老师、哈佛大学的崔凤鸣老师，他们从人权法、公约角度讲过无障碍立法的相关议题。杨老师长期从社会学角度关注中国的残疾人事业。杨老师的相关成果包括残疾人事业发展的蓝皮书、研究报告、论文，以及专家咨询报告，都对无障碍环境建设有重要的贡献。今天非常有幸邀请到杨老师为我们分享无障碍环境建设立法理念的变迁。在杨老师分享之后，我们邀请来自中国政法大学的李红勃老师与谈。今天晚上也是一个跨学科的讲座，先有请杨老师开始您的分享。

杨立雄（主讲人）：

我今天晚上讲的题目是《从特殊到普同——无障碍环境建设立法理念变迁》。我不是学法律的，前面几讲从法律视角讲得非常好，谈到了无障碍环境建设立法的条款和立法过程，以及立法对残疾人的保障。我是研究社会学的，所以今天主要从社会学视角谈无障碍环境建设的立法理念。我讲的内容分为两部分：第一部分是美国残障权利运动与无障碍发展；第二部分谈中国无障碍立法策略。

为什么要谈美国的残障权利运动？因为美国的无障碍立法跟残障权利运动密切相关。美国文化是典型的个人主义和英雄主义，美国的好莱坞电影经常的套路就是在世界末日的关键时刻，英雄人物出现，紧接着拯救地球、拯救人类。残疾人和好莱坞所塑造的形象是两个完全相反的方向，在电影、小说、文学里面，我们看到的是体能主义、英雄主义，身体都是非常强壮的、孔武有力的，能够征服地球，掌握自身命运。但是，残疾人是残弱的身体，不符合大众的审美观，在这种情况下，残疾人被美国文化边缘化，最后成为所谓的被压迫的阶层。

正因为意识到这些问题，残疾人也开始形成联盟，用集体的力量扭转这种现象，建立残疾人组织：1880 年美国成立聋人协会；1940 年成立肢体残疾人联盟。成立肢体残疾人联盟一个很重要的诉求就是平等就业的权利，"不要同情我，给我一个工作"，体现出在美国残疾人要求独立、掌握自己的命运，这是美国无障碍的根本目标。到了 1949 年，美国残疾人要求去机构化，要求生活于社区，贯穿于美国成立这些机构的线索就是"要独立，不要依赖和同情"。独立生活需要一个良好的环境，不仅仅是社会环境，还有物理环境。

20 世纪初，美国开始残障权利运动，代表人物是海伦·凯勒。她不仅是一个盲人，更重要的是，她是一位社会活动家，在世界各地为残障人权利积极奔走，当时还没有形成社会运动。到了 20 世纪 50 年代，美国开始全国范围的社会运动，这些运动结合起来以后逐步形成了残疾人社会运动。20 世纪 50 年代由残障退伍军人和残疾人开启无障碍运动，是因为二战后有大量残疾军人退役，他们有些人要求工作，有些人要求进入学校，就要求有平等的环境。1962 年，埃德·罗伯茨进入加州大学伯克利分校，要求学校给他提供无障碍条件，引发了全美的反响，现在美国有

400多所大学建立了为残障学生服务的无障碍服务中心。到了1988年，因为华盛顿特区的加劳德特大学（著名特殊教育机构）的校长听力是健全的，残障学生示威游行，要求换一个聋人校长，取得了成功。后来就有了第一位聋人大学校长，他取得了非常高的成就。20世纪90年代，又有很重要的几个事件发生，残疾人扔掉了他们的轮椅，爬到国会去要求为他们提供无障碍环境，引起了整个社会的关注。美国的国会大厦有很多台阶，残障人就在这儿搞了一个行为艺术，游行示威，反响也是很大，然后就签署了《美国残疾人法案》。

权利运动对无障碍的发展起到了非常大的作用。当然这里要说的是，美国没有像中国一样有一个专门的无障碍的法律，它只是在不同的法律里面提到了无障碍。最重要的是1968年的《建筑障碍法》，要求联邦政府资助的建筑都要做到无障碍。1973年的《康复法案》也谈到了无障碍的标准，1975年《所有残疾儿童教育法》有校园的无障碍标准，1984年颁布《老年人和残疾人投票无障碍法案》，最著名的是1990年《美国残疾人法案》塑造了美国的残疾人权利框架、体系，后来很多法律都是基于此延伸出来的。

有一些著名的残障运动人士开始反思残障污名化问题，残障为什么不能去污名化？美国塑造的理想形象是肌肉绷紧的、健硕的人，而残障人是边缘化人士，因此他们就提出"我残障、我自豪"，采取了一系列行动。这些行动促进了一些法律条款的出台。他们主张去污名化，把残障人首先看成人，而且这个人是社会不可分割的一部分，是人的多样化的一部分。所以 20 世纪 70 年代出现了一个很有意思的词语，叫作"Person with Disability"（有残障的人士），将残障弱化为一种附属，它的目标就是去掉残障的污名化。

残疾人权益保护的社会模式其实存在很多问题。社会模式忽视了个体的痛苦，国际功能、残疾和健康分类（ICF）把残障分成几个部分，其中一个部分就是残障是跟各种背景因素互动造成的，更主要的是社会造成的。所以我们要消除社会障碍，然后才能正常生活。但是有一部分人，即使消除了这个障碍，他的痛苦仍然是别人没办法体会到的。所以，如果我们只讲社会模式，那么个体的痛苦谁来关注？

这个时候就需要改变思路，左拉出现了。左拉是著名的残障学者，他十多岁时患上了小儿麻痹症，之后在哈佛大学获得博士学位，然后在大学任教。他一直在反思残障权利运动。他认为，与其总向别人强调残疾是正常的，不如把自己的队伍扩大、把边界模糊，不要把残疾人和其他人群分开。让大家都知道，其实每个人都可能是残疾人，这就是普同模式。其观点就是任何人都可能成为残障者，这个观点在当时是非常激进的。现在看来，大家都已经开玩笑说，做这个工作都是为我们自己做的，将来可能我们都会残疾。我研究残疾人这么多年，自己的视力在倒退、听力在降低，再过几年，头脑也不灵活了，说不定哪一天就痴呆了，我们认同，我们也可能变成残疾人。他当时提出"每个人都可能成为残疾人"，残疾的界限就被打破了。左拉提出这个观点以后，公共政策随之改变，即不应该把残障人作为特殊的人加以关照。当时左拉提出这个观点的社会背景是西方国家开始老龄化，虽然美国老龄化程度在发达国家是比较轻的，但老人慢慢失去了行动能力、生活能力，独立生活不仅仅是残疾人的需要，也是老年人的需要。还有就是病越来越多了，现在医学技术把原来不知道的病都找出来了，变成了"病态社会"。原来人类对很多病不了解，生病后很快就去世，现在的医疗技术提高了人带病存活的概率，每个人都可能成为病人，成为病人后就会失能，慢慢地我们就成为了同一类人。左拉研究了三个问题，这三个问题都跟无障碍密切相关。第一是住房和建筑环境，尤其是老龄化社会的人慢慢失去能力，障碍越来越多，导致我们不能独立生活。第二是交通问题，美国是轮子上的国家，残障人士没办法开车，就不能去工作。第三是工作问题，由于没有无障碍交通，残障人士无法到达公司，也无法适应工作环境。左拉提出，以后的公共政策应该把残障人士的队伍扩大，而不是把残障人士变得跟别人不一样，这对无障碍立法有很大的启示。

中国的公共政策采取的是残疾人事业模式。残疾人事业模式就是国家将它纳入发展战略中，然后贯彻下去，而不是通过残疾人运动的模式自下而上地推动残疾人需求的满足。所以我们形成了现在耳熟能详的残疾人康复、残疾人教育、残疾人就业、残疾人社会保障、残疾人体育、残疾人文化，这就是特殊模式。残疾人教育由教育部管，但对残疾人特殊对待，就形成了残疾人教育，就业也是这样，我把这种模式称为独享模式。虽然没有谁去反对，但心里会有些嘀咕，为什么要把残疾人拿出来？但是人们一想，"算了，他们确实可怜"，所以就形成了优待模式。优待模式就是认为残疾人需要关爱。残疾人单独列出从整体上来看，这样做对残疾人利益的保障是缺失的。把残疾人单独拿出来，就把家庭破坏掉了，残疾人反而成了家庭的累赘。所以我主张，在低保政策中，不应该把残疾人单独拿出来，贫困、低保线之上的一部分的家庭都应该整体地进入保障范围里。

第二个问题就是现在只有独享模式。独享模式和优待模式也容易造成一些问题，即政策的碎片化。其实我们多数人对残疾人是缺乏共情的，包括学者，如果不研究残疾人，根本就不知道他们需要什么。虽然我原来在民政部门工作，很早就接触了残联，但对他们的真正了解还是不足。

后来我一直研究残疾人，才发现确实有很多需要我们了解、学习的东西。

中国的公共政策面临的一个困难就是自上而下的模式。国家层面认识到了这个问题，再作出批示，然后就会迅速行动。但是，残疾人毕竟是社会的少数，即使残疾人的数量已经达到了8000多万，相当于德国的总人口，但是散落在14亿人口当中，还是很少被看见。另外，我们关注的事情太多了，这个群体往往是被忽视的，残疾人的事情往往是想起来再做，因此这种自上而下的公共政策的制定模式，有时会导致残疾人利益被忽视。自下而上的模式需要残疾人形成合力，站出来发声。如何突破呢？这个时候我们看到普同模式，普同模式就是把老年人加进来、把患病的人加进来，队伍就扩大了。现在我们看到残疾人权益保护也慢慢地开始往公共政策的方向转变，成了一个公共领域的话题。

现在的无障碍立法是怎么朝普同转向的？在《无障碍环境建设条例》里，经常提到的都是残疾人，而《无障碍环境建设法》就改变了这个理念。草案第一条"促进全体社会成员平等、充分、便捷地参与和融入社会生活"，把残疾人引到了无障碍，不是专指残疾人。第二条，"为残疾人、老年人等有无障碍需求的社会成员……"，虽然它加了个"等"，但是大家只看到"等"，没有只看到残疾人。后面很多规定都是把残疾人跟老年人绑在一块，还涉及行动不便的孕妇、婴幼儿等，基本上把大多数人都涵盖在内，所以这次无障碍立法的对象从残疾人扩展到了其他人群。《无障碍环境建设条例》一共有三十五条，其中有十八条出现了残疾人，但没有一条出现老年人，更没有出现其他人群，最多加一个"等"字。《无障碍环境建设法》的草案共七十二条，其中有五条出现残疾人，且有四条是与老年人一起出现的，还出现了孕妇、婴幼儿、未成年人等群体，另外创造了一个全新的群体——"有无障碍需求的社会成员"，这样就快速地壮大了同盟队伍。

这次立法之所以能够这么快通过初次审议，除了理念的转变，还有其他几个因素，其中一个非常关键的因素就是掌握了公共政策制定的话语，同时还有重要的推动者，就是吕世明主席和他的团队。吕主席长期致力于无障碍的实践和研究，产生了广泛的社会影响，他团结了一批研究无障碍的专家，形成了合力，所以无障碍立法得以顺利推进。

最后是一个简单的想法，供大家一起思考。第一，无障碍立法最终是要消除物理的障碍还是消除残障的身份？第二，无障碍立法是在争取权利平等，还是提升独立生活能力？第三，普同模式会不会忽视场景的特殊？场景毕竟有特殊性，所以有一些政策依然应该是独享的政策。

这些问题我也没有思考清楚，我的演讲到此结束。我谈到的有些观点还不成熟，可能会引起争议，希望大家能够一起完善。谢谢大家。

丁鹏（主持人）：

非常感谢杨老师的精彩分享，杨老师对时间把握得也非常好，刚好一个小时，接下来有请中国政法大学的李红勃教授与谈。

李红勃（与谈人）：

谢谢万洪老师给我这样一个机会，第一次参加无障碍的讲座，就听到杨老师站位非常高、分量很厚重的演讲。今天让我明白了很多问题，今天杨老师从社会学和公共政策角度对无障碍环境立法进行了法律之外的解释，制度的价值、发展的思路，立法的技巧，都得到了社会学上非常扎实的解释。我受益匪浅，我想从两个方面回应杨老师的讲座。

第一，无障碍环境的人权基础何在？从法律上讲，当我们有一种权利时，这种权利基础在哪里？在法理学中，当法律赋予我们权利时，他的根基在自然权利，所谓自然权利就是人之为人当然有的、一种本能性的、自然正当的东西。回到人性的角度，其实就是亚里士多德说的，人是社会动物，人注定要过社会生活。中世纪的神学家讲，人注定是要过社会生活的，我们要在和而不同中找到我是谁、我的身份，并且回到终极的问题，我的价值何在。无论是作为个人还是残障群体，我们的价值何在？这样一种过社会生活的本能，使我们有一种基本的权利，可以用来解释无障碍人权的基本概念，叫平等参与社会生活的权利。中国有八千万残障者，但我们却常常发现，在有的大城市中，残障者往往是被隐蔽的群体，我去年参与了地方性立法，我第一次在座谈会上见到如此之多的残障者，而他们在公共领域几乎是被隐藏的、看不到的，这样的话，一个人的发展何在？他对公共生活、社会生活的获取和实现途径何在？

我在课堂上跟学生讲过三个非常典型的故事：2015年我去旁听哈佛大学法学院的课程，进来了一个自己驾驶轮椅的人，他说"这个学期的宪法课由我来给大家上，我是某某教授。"第二个故事，有一年我到日本，晚上休息的时候打开电视机，发现有三个嘉宾在讨论上周刚刚发布的影片，其中一个残疾人是全瘫的。第三个故事，今年8月份在欧洲，晚上逛街的时候我发现了一个盲人，他独自坐公交车，越过好几个街区之后又坐地铁，扬长而去。他们一个在教书、一个在参与社会生活、一个在出行，他们完全不需要特殊的帮助，仅仅靠自己和有限的工具，就可以去做大学教授、在电视台参与公共文艺作品的讨论、在柏林车水马龙的地方自如地穿行。让每个人成为自己，即使某种自然原因使他处于某种与众不同的角色，社会还能给他机会与条件让他在力所能及的范围内活出自己的样子，这可能就是人权、无障碍环境建设能赋予人最大的生存与发展的意义。

第二，迈向真实无障碍的中国路径。残障的问题是世界各国共有的问题，但在不同国家，有不同的发展路径。比如刚才杨老师提到美国是力量崇拜，还有西方在基督教文化之下有浓郁的宗教情怀，而在中国社会之下有着传统家本位和一种道德立场。在解决无障碍问题时，每个国家都有共性，但也有一些个性。解决这个问题的中国路径，第一个是环境支持，这也是整个社会和国家应该担负的基础设施责任（公共道德责任），反过来，也要残障人士主观方面的主体赋能。因此，解决这个问题要从两个维度入手，一是外部环境支持，二是残障群体本身的主体赋能、能力提升。

环境支持，一个是硬环境，一个是软环境。所谓硬环境，就是物理的支持、设施的支持。北京在 2008 年奥运会前后做无障碍环境设施，在冬奥会前通过了无障碍环境建设条例，经过这么多年政府投入之后，北京的无障碍洗手间、交通场所电梯、五环之内的盲道、公交车提示等无障碍设施都建设得比较到位。其次是信息问题。当我们住在高楼大厦里与外界隔离时，是没办法与外界沟通的，好在有智能手机。我深刻地感受到，要做一个生活有品质的人，急需的需求就是与外界沟通，可以见朋友、参加聚会、看电影，当无法实现物理上的身体接近时，还可以有心灵的碰撞和交流，这就是信息无障碍交流问题。也就是说，要么是身体在路上，要么是心灵在路上，总之，去往他方、与同类相汇合，构成了人类有品质的生活的两要素。当我们讲硬环境建设时，就要把这两个方面做好。一是政府要提供条件，让我们在力所能及范围内无须借助他人能出行，无论是残障人、老年人还是短期有疾病人群。二是做好信息化时代的无障碍信息建设。这是从上一个十年到后一个十年，从设施供给到设施和信息的双重供给，是无障碍环境立法发生的特别大的变化。在硬环境建设方面，目前比较突出的问题是各地发展不均衡，这个问题的解决取决于政府财力、政府管理者的理念。

软环境建设是社会公众对残障者、老年人的无障碍交流、出行的态度支持。起码在北京，2008 年之后，政府对无障碍环境建设投入资金，进行各方面建设的成效非常明显。但我在北京二十年，没有看到明显的残障者出行或参与社会生活，包括我教书二十年，也从来没有教过一个残障学生。当法律在不断进步，政府投入在不断提高时，在一线大城市残障者却无法在公共生活领域出现，是什么原因？不是政府的供给不足，可能是社会环境不支持。就是刚才杨老师讲到的，从"我自卑"到"我自豪"，无论是自卑或自豪，都是残障者极端情绪的表达，之所以有这种极端情绪，一定是因为想过正常生活但没有得到善意回应。在一个冬天很冷的早晨，我看到一个盲人摸着汽车行走，因为车主把汽车停在人行道上，这就是软环境问题。这种软环境有两点不好的地方，第一就是把残障人当成歧视的对象，第二是以道德优越感保护残疾人。这两年我参与《道德与法治》课程标准修订以及教材内容编写，包括到全国各地给中小学教师培训，讲到平等时，好多老师讲的都是怎么样帮助残障人、老年人。有一次讲课时我问道，"你到底有没有问过他们是否需要帮助？"所以在社会环境建设中，很重要的就是要建立真正的非歧视、友好型的社会氛围，它仰赖于学校教育。很多时候我们的教育要让孩子看到这个世界是既有高个子，也有矮个子，既有健全的，也有残缺的，这样的教育可能需要花非常长的时间，可能要二十年。等这些孩子成长起来之后，他们再面对残疾人出行和参与公共生活时，就不会要么成为歧视者、要么成为保护者，而是把他们当成多样世界中本身应该存在的一个群体，用普通心态去看待他们，从而达到普同模式。

第三就是残障人士的能力建设问题。当法律提供了残障者平等参与社会生活的制度或权利，当政府提供了设施和信息服务，我们也要说，"残障者要勇敢行使你的权利，最大程度地使用好公共资源或者公共政策"，这需要能力的赋予。能力的赋予，第一是学校教育，包括《中华人民共和国教育法》《中华人民共和国未成年人保护法》的修改，都特别强调融合教育问题。既然社会是多样化的，学校就应该呈现出多样化。我在全国各地给中小学老师做培训的时候，主张校长、老师，要带着这样的心态去做融合教育，让学生都能进入普通学校，这不仅对残障者是巨大的提升，对所谓健全人来说，也是一种提升。它让我们懂得这个社会是多样化的，每个人都会老，老的时候可能遇到很多障碍。所以融合教育绝对不是对残障儿童进行怜悯式的教育，它本身是双向教育，让所有孩子健全，它是让身体健全者的思想和灵魂也健全的再教育过程。第二是家庭教育。中国社会的特征就是家庭特殊的亲情和家庭的责任担当，在具备设施和信息、服务情况下，要让残障者真正走出去，还是需要家庭的支持和教育。也就是说，家庭成员不仅仅是照顾、帮助残障人，而是要教他利用好这些设施、机会、途径，让他在这个过程中拥有能力。当然，社会组织参与在辖区内对有需求的残障者进行一些培训，包括老年大学教老年人使用大字手机、上网跟别人聊天，都是一种能力提升。

通过外部环境的建设和残障者群体自身能力的不断提升实现社会正义，让残障者和健全人共同在自己力所能及的范围内参与多样化的世界，共同造就现实世界的多样性，我想这就是共同生活的社会正义。这是我简单的学习心得。谢谢大家，谢谢杨老师。

丁鹏（主持人）：

杨老师偏向于社会政策研究，两位老师的分享有很多交叉部分，都谈到平等权利，都谈到参与、社会结构、社会文化、家庭，都有类似的分析框架。李老师强调权利哲学、人权教育、基于法律的赋能，偏法律方向的研究，杨老师从整个社会政策、社会运动、人口结构、国家和经济社会发展的社会学角度进行了分析。

问题一：

杨老师，您提到，在中国实施普同模式，要鼓励残障者与老年人"结盟"，扩大公共政策的惠及范围。如果采取老年人、残障者联盟的方式推进政策，公共政策能否满足残障者的特定权利？

杨立雄（主讲人）：

美国社会权利运动基本上都是少数族裔在做斗争，他

218

们的策略就是"结盟"，扩大队伍，获得更多支持，并不一定会忽视残疾人特殊的需求，在一个大的公共政策里，他们也照顾了残障人士。比如无障碍立法，虽然把老年人纳入其中，作为一个策略，通过这个策略实现了残疾人的利益诉求，但也并非完美，因为毕竟要照顾到其他人。所以我个人认为普同模式是一种比较好的方式，但它不能成为公共政策唯一的模式，比如独享模式同样可以考虑到残疾人的特殊利益。

问题二：

杨老师，我有一个同门研究老年人权利，我研究残障人权利，我的博士论文写的是残障人平等参与，他写的是老年人平等参与，我俩之间有一些对话，比如残障年轻人就业和老年人继续就业问题，从您的角度来看，怎么平衡这两个诉求？

杨立雄（主讲人）：

我觉得这是两个完全不同的概念，残障人士就业是最基本的权利，这个权利如果不能得到保障，那么残疾人事业的其他方面就都带有某种关爱的性质，不能充分促进残疾人融入社会、实现自我发展。公共资源是有限的，有限的资源到底分到哪个群体，这是很重要的问题。在现在的情况下，我觉得要更多关注残疾人就业。残疾人是被忽视的群体，很难形成一种集体性，没有条件让残疾人聚在一块，共同分享经历、形成合力，所以公共政策资源更需要合理分配。

刘明（观众）：

我是华中师范大学的刘明，我特别赞成杨老师的观点，哪个群体声音更弱，资源就要对他们更多地倾斜。我们常常会碰到一个情况，非残障者在不了解残障人群时，会认为现在就业这么困难，正常人都缺岗位，所以残障人士就业困难是可以理解的，普通人群认为残障人应该把资源让出来。关于这一点，我会利用普同模式去做工作，我经常跟学生提到，在制定政策、提供服务时，普通人通常会觉得这是在关爱残障人士，但实事求是地说，谁是残障人士？按照普同模式来说，真正做到人人生而平等很难，但在残障面前真的是人人平等，因为我们不知道明天会发生什么，危险会随时发生，每个人都可能成为残障人。所以，无障碍环境不是为他人做的，而是为自己做的。刚才李老师也提到，家庭要对残障儿童、残障子女做教育，从教育者角度来看，我觉得这很难，即使给家长一个健康的、没有明显的特殊教育需要的孩子，他们都不太知道怎么教育好他。当碰到一个有特殊需要的孩子时，要他们做一个好父母、给他提供支持，这种要求有点严苛。所以，事实上家长也需要得到支持与帮助，这是我的一点想法。

丁鹏（主持人）：

　　谢谢刘老师，我接着刘老师刚才讲的，这次无障碍立法提及了家庭无障碍改造，但有的专家说家庭是私人领域。从无障碍环境建设角度，您认为家庭在何种程度上可以成为公共服务的对象？

杨立雄（主讲人）：

　　这是一个很好的问题，家庭是一个私人领域，私人领域并不代表公共政策不能进入。家庭无障碍改造是一个公共政策，为什么要让它成为公共产品？因为很多残疾人家庭能力非常有限，尤其是贫困的残疾人，所以前期针对残疾人家庭的无障碍改造，有很多经济条件的限制，现在要变成普惠政策就有一些争议。但是我觉得家庭无障碍改造对残疾人太重要了，他们有 50%～60% 的时间，甚至有一些是 70％～80％ 的时间都待在这个环境里，家庭无障碍对他们的独立生活能力提升具有至关重要的意义。因此家庭无障碍改造成为一个公共产品完全没有障碍。我们不是用国家权力干预私人领域，而是在家庭领域提供一个公共产品，就好像为重度残疾人提供上门护理一样。

张万洪（观众）：

我是张万洪，我想请教杨老师，这次很高兴看到无障碍立法拓展了它的范围，不再局限于残障者。我们经常说，中国残疾人法律体系是以宪法为基础、以《残疾人保障法》为核心的"一法四条例"，以后还能说"一法四条例"吗？对未来残疾人法律体系构建而言，这个立法的意义或机遇是什么？

杨立雄（主讲人）：

我觉得这次立法突破了原来固有的方式。原来固有的方式就是残联从事业角度去推进，难度就非常大，但这次可以看到，立法把很多部门、人群都纳入进来了。可以说，2015 年残疾人两项补贴是一个转变，原来残疾人事情都是归残联管，后来残疾人两项补贴由残联部门转给了民政部门，两项补贴对象很快就突破了一千万，一旦变成民政部门管理，政府就把它纳入政府预算了。这次立法又是另一种转变，抓住更多的同盟，功成不必在我，只要把事情干成。所以残联理念在转变，整个社会理念也在转变。整个立法流程还是一样的，只不过在策略上把更多的同盟拉进来，阻力就少多了。

丁鹏（主持人）：

杨老师，关于这次立法，还有一个关于部门协调的问题，之前几个专家就这个事情在我们这个平台讨论过。您刚才也说，立法想要突破残疾人事业限制，把老年人拉进来，但是条文里基本还是要选一个部门作为协调部门，目前定为住建部门，但问题是住建部门主要管建筑，像我关注的《法律援助法》，就是司法部在管。服务、设施本身跨很多部门，我最开始期待的是让残工委加强协调职能，但现在显然残工委比不过住建部的协调职能。另外，我近期去基层调研，不管是教育、行政、就业、康复，都有专业性的壁垒。所以残联一方面想突破残疾人的限制，把很多部门协调起来，但另一方面，残疾人事业发展到现在的水平还是很依赖残联的协调与专业积累，您怎么评估它未来实施的突破？其他部门和残联之间会出现一种什么样的分工关系？

杨立雄（主讲人）：

这个问题问得太好了，无障碍不仅仅涉及很多部门，将来无障碍范围扩展，也必然会面临协调的问题。哪一个部门主导都不是专业，就算由民政部门来主导，仍然很难协调，其实世界上很多国家的体制都存在这样的问题。残工委的问题是，残工委办公室在残联，还是希望按照残联的模式走，所以残工委的协调作用也有限。另外，残联仍有存在的必要，而且应该发展，因为它了解残疾人的需求，它不一定要作为立法者出现，而是应该代表残疾人推动政策制定，而不是自己抓住某个事去做，具体的执行是政府的事。

丁鹏（主持人）：

非常感谢杨老师抽出宝贵的时间与我们分享关于无障碍立法的思考。也非常感谢与谈人李老师从不同角度给了我们很多比较性的启发。当然也要感谢现场的手语翻译、字幕以及其他会务人员，我们后续也会有无障碍环境建设法大讲堂的活动，也欢迎各位积极参与，今天的讲座到此结束，谢谢大家。

第八讲

无障碍与辅具设计

（2022 年 12 月 21 日）

主讲人：黄　群

与谈人：余艳萍

主持人：董理权

董理权（主持人）：

　　大家晚上好！我是中国残疾人辅助器具中心的董理权，今天有幸和大家一起参与无障碍环境建设法大讲堂。今天是大讲堂的第八讲，也是本次活动的最后一讲。这次活动名家会聚、精彩纷呈，也是无障碍环境建设的一次饕餮盛宴。今天我们有幸邀请到了黄群教授，黄教授是武汉理工大学艺术与设计学院的研究生导师、武汉理工大学中英关爱设计研究中心的中方负责人，也是日本筑波大学人间综合科学研究科的外国人研究员，主持多个相关项目，具有很深的学术造诣，今天她给大家带来的讲座题目是"无障碍与辅具设计"，有请黄教授。

黄群（主讲人）：

感谢董老师的主持和介绍。吕主席好，各位参会的同学、老师、朋友们，晚上好。在这个非常不易的时期，我们能够相聚在这里，难能可贵。首先非常感谢武汉大学人权研究院张万洪院长的邀请，今天我能有机会在这里与大家分享和交流"无障碍和辅具设计"这个话题，欢迎大家参与和交流。

平常我们听到"辅具"这个词的时候，脑海里会出现什么样的印象？它和日常用品、和普通产品有什么不同呢？其实在生活中大多数人都是需要辅具的，只是时间、方式和程度有一些区别，特别是身体有障碍的人群。随着年龄的增长，人的身体各种机能慢慢衰退，肢体、视力、听力、认知，都会出现一些障碍。这时，辅具可以为我们提供很大支持和帮助，所以，辅具可以让我们的生活变得更加美好。我将从"无障碍""辅具"和"辅具设计"这三个点切入本次议题。

很多学者专家都在做"无障碍"的研究，最早可以追溯到 20 世纪 30 年代，北欧的瑞典、丹麦等国家倡导残疾人正常化。从设计学科来说，对无障碍设计和辅具设计影响最深的，就是 20 世纪 50 年代由美国的马丁·路德·金博士倡导的黑人民权运动，其倡导的就是无歧视的社会公平对待。在无障碍历程里，很多国家和地区都有各种各样的无障碍标准、法律和法规。其中具体的时间节点，以及每一个时间节点里各国各地区的相关法律法规，前面厉才茂老师已经有非常全面的介绍，我就不做特别的讲解。说到无障碍环境建设，对于每一个社会公民来说，都是非常友好的、非常需要的。人类社会发展到现在，平等、参与和共享，是我们共同的愿望。在我国，深圳无障碍环境的建设做得非常早，包括早期东门街区的触摸地图、无障碍厕所、公共交通工具，都对身心障碍群体有一些关照。无障碍建设最早来源于建筑环境，包括城市的道路交通、广场、公交设施、公园、旅游景点、公共厕所、无障碍标识等，都是无障碍环境建设的主要内容。如果一个城市能够称为无障碍城市，就一定能够体现出全民无障碍的理念共识、制度的保障和包容的服务。畅通的街道、疗愈的景观、多感标识识别系统的设计，能为每一个生活在社会环境里的人带来很多便利，现阶段"无障碍"已经不再是陌生的课题，各行各业都加大了对它的研究力度，发展无障碍设计的意义是非常明显的。顺应老龄化社会的来临、体现对残障者等弱势群体的关怀、适应绿色设计的潮流、提升企业竞争力与美誉度、应对全球化挑战的选择，这些都是发展无障碍设计的意义所在。但是，目前我国无障碍建设还面临着许多的困境，具体有以下六个方面：一是政府重视程度不够；二是社会对无障碍认知度较低；三是企业不愿意全情投入；四是无障碍设计教育还不够普及；五是人才特别匮乏；六是缺少可行的实施方法和必要的评价机制。

说到辅具，实际上就是对我们的一种帮助，顾名思义，它能够帮助、辅助我们完成一些事情。最早的辅具是德国一个器具研发中心做的，主要受到足部患者的青睐。传统辅具主要有护肩、护膝、护腰等，随着时代的发展，辅助器具也越来越多元。此外，有障碍的朋友也需要娱乐休闲精神生活，目前相关研究还不足，最常见的就是盲人扑克，这也是一个需要我们继续关注的点。

辅具设计和产品设计有什么不一样？辅具是一种有特殊含义的用具，在过去指为有身心障碍的人做的用具，例如护膝、护腰。但现在，辅具慢慢走入了更多人的生活，让使用者克服障碍，满足他们的实际需要，所以现在很多的辅具很生活化，也正好顺应了辅具从特殊到普通的发展过程。也就是说，辅具产品都具有对使用者的支持，尤其是现在的一些辅具有更多的科技因素，表现得更加智能、便利。实际上很多设计者在设计时也会说，做辅具设计的本意是不想歧视弱势群体，但在实际操作过程中，它反而让残疾的个体从非残疾人群里区分出来。如何把辅具设计变成通用设计，满足各种用户、各个群体的共性需要？不能把辅具设计当作边缘化或小众的设计，因为如果这样做，就违背了服务的初衷、设计的初衷。今年10月末，《无障碍环境建设法》的草案提请审议，是非常令人振奋的，包括吕世明主席带领的很多人为这件事做出了非常大的贡献，这是无障碍环境建设领域的第一部专门法律，大讲堂就是去宣传和呼应它，从各行各业、各个专业领域来探讨、关注无障碍环境建设。接下来我从四个方面跟大家分享无障碍和辅具设计中的一些思考与探索。

第一，辅具的发展历程。实际上，在早期人类生活中就有辅助器具的雏形。辅具最早出现在古埃及，经过漫长的发展以后，德国辅助器具中心针对人体的障碍和失能研发了一些器具。到20世纪80年代，我国也建立了自己的辅助器具生产企业，特别是在一些相关的医疗机构里开展了假肢矫形的装配服务。1992年，中国残疾人辅助器具中心正式成立，把相关的企业聚合到一起，开展残疾人辅助器具服务，包括宣传、指导、技术和质量监督等。到21世纪以后，辅助器具有了更高的时代特征，向着更加智能、实用的方向发展，特别是现代辅具有很多未来感、科技感，比如说有一些智能假肢，还有微电脑技术控制的电动轮椅，辅具的种类更加丰富、好用，这就是辅具发展的历程。随着未来科学技术的进一步发展，它还有更广泛的发展前景。

第二，生活里的无障碍和辅具设计。生活为什么需要辅具和无障碍？生活里这么多设计、辅具，有一些能解决人遇到的实际困难和问题，但有的却给人带来了困扰，其实这些设计都和我们的生活息息相关。我们看到"辅具"这个词，会想到什么样的辅具？传统的辅具侧重于技术和应用层面的功能要求，但在使用省力、安全、操作方法方面还有缺陷，传统辅具难看、笨重，有的说得不好听一点，甚至像刑具，看起来很恐怖。现在的辅具已经开始慢慢脱离这些不好的印象，特别是在这个时代，有更多的具有科技感、更加便于使用的辅具。比如智能眼镜，它是日常的一个产品设计，同时它也是一个能够对视障人群有帮助的辅助器具，它带有 GPS 定位，还有多个传感器，可以随时感知周边的情况，按下侧面的小按钮，可以将感知到的情况用非常精准的语言通过扬声器传输到用户的耳朵里，指导他前方有什么障碍或情况，非常方便。现在的设计非常简约，功能非常强大。现在的辅具其实和很多学科是交叉的，比如医学、生物等。

再看高龄者适用的防抖勺子。老年人中，很多人有帕金森病，最直接的症状就是手抖，所以在进食的时候会非常困难，这个防抖勺子设计得非常轻巧，容易拿放，重量只有130克，手柄全贴合。所以辅具设计要了解人体工程学，辅具设计如果符合身体形状、贴合身体曲线，人在操作的时候就非常便利。这个勺子的握持非常轻松，并且是磁吸式的，可以照顾不同人的使用习惯，做到防抖。

还有获得了2013年红点奖的马桶套件设计，红点奖是设计界的"奥斯卡"。孕妇在特殊的生理时期身体会发生很大的变化，起、坐、站、躺，包括如厕的时候都会有很多不适应。这个设计就是在马桶上面放置一个套件，相当于把马桶上升了5公分，这样起坐、使用非常便利，我们知道在为高龄者设计座椅、坐便器时也会考虑这样的设计。这个套件有一个向上的角度，能减轻膝关节压力，支持孕妇起坐，下面还有一个脚垫，孕妇坐在马桶套件上面可以把脚放在脚垫上，特别舒适，还能帮助排便，同时这个脚垫也便于收纳。除此之外，在人身体不舒服或者吃撑的时候也可以使用。

再如为听障者设计的灯铃。它是灯和门铃的结合，有人按门铃的时候灯会闪烁发亮。听障人士的听力不好，但是视觉正常，可以通过发光来了解外界信息，这也是非常有爱的一个设计。

针对行动障碍者，Own-Wheelchair无障碍过床轮椅能提供起身的支持，而且它非常的简约，手放在轮椅两侧的

第八讲／无障碍与辅具设计

233

时候，也不会有其他危险，它是一个水平的设计，比传统轮椅更加好用，上下床更加安全和自如。

有时我们会想，无障碍设计只适合残障人士吗？答案是否定的。大多数人都不可能一生一世都不遇到障碍、都没有困难，正常的人也会有一些暂时性的困难，比如说上肢障碍者可能只有一个手臂，但健全人有时也会有一只手臂因为受伤或者拿了重物而不便使用，所以也会有情景化的障碍。听力也是如此，如果健全人戴上耳机或处于嘈杂的环境，听力就没有那么清晰，这些都是障碍。视力也是如此，比如说眼部受伤、眼部疾病、外界光线变化，视力也会减弱。下肢也是如此，比如腿部受伤或走在下雨的道路上，走路不会像平时那样健步如飞。我们只要感觉到哪里不舒适、不方便了，那么可能就是障碍出现了。也就是说，从某种意义上说，这些障碍其实是伴随着每一个人的，每一个人都会有障碍，而且各自的障碍不同。因为时间的关系，我在这里就以上肢障碍为例，看一下有什么辅具或产品设计可以帮我们解决障碍问题。

众所周知，手臂是非常重要的肢体，每天的生活都需要有上肢的运动来参与完成。假如有一只手臂不方便了，怎样去做各种各样的事情？比如说要单手开门，单手切菜、单手晾晒衣服等。我们看一下相关的产品设计，例如便捷的门把手，只需要轻轻地将它推向任何一个方向，就可以打开门，这个把手实际上不需要上肢或者手掌、手指额外出力，这个也可以叫通用设计，它对任何人都友好，任何人都能很方便地使用，不管用什么样的姿势，推它、顶它、往边上撞它，都是可以的，这个设计的灵感就来自方向操纵杆。

再看单手切菜，我们设计了一种切菜板，有凹凸、有挡力板，可以增加摩擦和卡住物品，所以单手也能自如地使用。菜板上看似增加了一些障碍，但是单手使用起来更加方便了。我们在生活中经常会看到这种"有障碍设计"，比如一些停车场或者是街区、校园里面都有石礅子、减震带，它们都是人为设定的障碍，但最终是让我们真正地安全和没有障碍。

另外，单手晾衣架。平时晾衣服必须用双手，一手拿衣服，另外一只手把衣架穿进去。无障碍设计在衣架的一边设计了一个小的结构，可以像夹子一样把衣服卡在里面，代替了一只手，这样另外一边就很容易放进去，可以单手实现晾晒衣服的操作。

再看端水盆。平时端水盆的生活体验是两只手操作，假如只有一只手端水盆，就端不稳，水会泼洒出来。可想而知，如果是单手使用者，水盆一定要能够"借力"。结合无障碍设计的水盆贴合使用者的腰部结构，分散受力点，把手的设计也很容易掌握，因为有一边已经借力了，这个设计可以很好地帮助我们单手端水盆。

所以，很多问题通过设计、探索，可以很好地解决。这种设计不仅便利上肢障碍者，还能方便非上肢障碍者使用。我们希望辅具朝着普适化产品方向融合发展，大家可以共同享受这些产品带来的便利。

第三，怎么做无障碍和辅具设计。从 2003 年到现在，我带着团队做了一些实践和探索。在课程教学中，我们采用了一种体验式的模拟来做课程学习，让学生真正地体会到不同的障碍。因为对痛点的把握必须亲身体验，所以我有一门课程叫通用设计，旨在探索无障碍和通用设计，也出了一本教材。通过一些自制的和购买的模拟体验教学工具，让学生们真正地把自己当作有障碍的对象，去体验肢体障碍、视觉障碍等，体验孕妇、高龄者、半身不遂者的处境，例如：在手部有障碍的时候去书写，并把书写的纸张放进信封里；体验半身不遂者的状态，自行完成穿脱衣服；模拟视障者在完全看不到的情况下，通过盲杖和足底触到盲道砖上的信息提示，体验行动不便等痛点。此外，我们还参与了多项国内外的辅具设计竞赛，申请了相关研究课题，并且获得了一些辅具设计的专利权。

第四，未来的辅助器具将有什么发展。在这个时代，多元的因素影响着辅具的发展。首先是"业态融合"。现在这个时代各个领域交叉融合，很多时候，不可能仅凭一个独立的学科就能够做成很好的辅具设计，生物医学、工程技术、社会服务等都能介入辅具设计和创新。特别是现在，康复辅具有新的传感技术、3D打印、AR、VR这样的技术类支撑，从科学理论上来说，它更加凸显了多学科的交叉融合特性，比如生物力学、人机工学、康复医学、生物医学，都在科学理论研究的视域下形成了交叉融合的态势。从生物医学角度来说，一些康复辅具有干细胞、脑科学、生物传感、微流控因素的介入，这些技术的介入，给康复辅具的创新带来更加开阔的未来前景，显得更加丰富、智能。比如采用脑机接口技术的头环，它是一个智能化科技产品，通过脑机接口技术，外部设备能够为内部的脑部信息搭建一个传送的通道进行信息交换，对于孤独症这样的脑部疾病有很好的治疗辅助效果。同时，头环对一些专注力不强的孩子也有帮助作用。未来可以在强脑科技（脑部强化刺激）领域继续深耕，为抑郁症、阿尔茨海默病等疾病提供解决方案。

其次就是"多元化"。"多元"这个词在当今时代出现得非常高频，多元常指复杂的、不断动态发展的方式。残障群体对康复的需求就是这样的，它不是整齐划一的，而是因人而异的。正因为这样，我们才研究辅具的适配性。可以说，辅具更多还是会往个性化定制方向发展，因为每个人的障碍情况不一样。同时，中国的辅具产品和用品市场存在着很大的供给缺口。前面说了很多科技辅具，可能价格非常昂贵，很多人用不起，所以缺口还是挺大的。共享辅具有助于解决这一问题，让辅具以租赁的方式服务社会大众和有需要的人。在这个时代，我们提倡人人使用，但不强调人人拥有，这样可以让资源价值更大化。因为有些东西不是每个人一天到晚都需要，可能只是某一时需要使用，不用的时候可以给别人，辅具也是如此，比如上海、北京、广州、成都、武汉等城市，都在探索社区街道发展嵌入式的康复辅具租赁网点。

我们现在谈的很多都是智能化，因为在这个时代，科学技术发展了，让产品设计、辅具设计也搭上了科技这班车，更好地服务于用户。"智能"是个非常惹人喜爱的词，它能够让人省力、省心，不用思考，甚至不用费什么力气。所以现在智能会通过科技、远程医疗进入辅具设计和产品设计里，现在的智能化养老和康复服务对智能化需要也是非常强烈的。在国外，包括英国、日本等国家，运用智能的机器人来服务一些高龄者或障碍者，这也是很好的案例。科学技术发展以后，人工智能、3D 打印甚至 AI、生物传感技术、脑机接口，都可以对辅具研发设计起到很好的支持助力作用。

还有一个就是"个性化"，满足人民的个性化需求，让大家的生活更舒适、更有尊严。比如现在要改造一些老旧社区，做适老化的设计，人老了以后就会面对一些障碍，有"老"和"残"因素的考虑，会有防滑的地面、墙面的助力扶手，无障碍卫生间等等，考虑使用者的特定需求。从产品无障碍来说，要考虑使用安全、操作省力。如果说我们对障碍者的需求能真正地全覆盖，那么我们对残障群体的尊重就真正做到了极致，就真正实现了"合理便利"的理念。

无障碍和辅具、辅具设计三者之间是相互依存、相互支持的关系。辅具是创建无障碍环境的基础，无障碍的环境又要求辅具设计更加动态、多元，辅具设计又能满足辅具的多样化需求。希望我们能够多多地从各行各业助力无障碍环境建设，使我们生存的美丽家园真正地实现无障有爱，这是我最后想说的。谢谢！

董理权（主持人）：

谢谢黄教授的精彩演讲，深入浅出、娓娓道来，从优秀的辅具案例出发，介绍了辅具要从人体工学角度、用户功能需求、用户的情感出发开展设计。同时，黄教授也介绍了辅具不仅仅应用于广大的残疾同志，还对伤病者、老年人、孕妇等很多临时功能性障碍者也有很大的帮助。所以，我们要尽量注意运用通用设计和包容性设计的理念设计辅具。黄教授介绍了辅具未来在智能化、多元化等方面的发展方向，给大家提供了很多的学习想法和好的建议。我们再一次谢谢黄教授。余艳萍教授也关注和研究辅助器具以及残障家庭的有关问题，她是武汉理工大学法学与人文社会学院副教授，也是青年教学名师，欢迎余教授和大家分享自己关于这方面研究的一些心得。

余艳萍（与谈人）：

谢谢董主任与黄老师，今天受益匪浅。也感谢吕主席，我看到吕主席一直在线。实际上我是社会工作专业的，非常有幸能有机会跟大家做一个小小的分享，也是接着黄老师的分享来谈。首先，非常感谢黄老师的分享，非常丰富又精彩，介绍了辅具的历史发展，介绍了很多跟生活息息相关的辅具设计，也分享了她二十多年来很精彩的教学实践，最后提出了一些未来的展望。在聆听的过程中，我有种惺惺相惜的感觉，我自己做这方面的研究时间比较短，这几年的实地调查让我很有感触，特别是无障碍与所有人都有关联，从儿童到老人，人的生命全周期都需要无障碍设计。今天我也根据我的调研给大家做一个分享。主要是在黄老师分享的基础之上，做一些社会服务领域方面的延展。我是学社会工作专业的，更多聚焦在社会服务板块，主要做需求搜集、评估、适配，这也是今天我分享的重点。

在开始之前，大家可以想象一下，在看不到的情况下，如果你要出行，需要借助哪些工具？假如有了辅具协助出行，是否可以无障碍通行？第一个问题考量的是残障群体需要辅具，这涉及"什么样的产品适合我"。大家首先想到的是，可能需要盲杖协助出行。但是盲杖有不同的类型，根据每个人的身高、体重也有不同的选择。那么，一个残障的小伙伴拿到了盲杖就会用吗？这是我想提的问题。有了盲杖，就能够走到街头去吗？有没有一些其他的障碍呢？

我分享两张今年暑期拍的照片，左边是一个盲道上突然多出一个红色水柱，在十米远处又有一辆机动车停在盲道上。假设有视障小伙伴在盲道上面走，大家可以想象一下，他们在走的时候内心一定是很害怕的，可能一不小心就绊倒或者撞到，这是我们在武汉的街道上看到的场景。视障小伙伴走上街头的时候，我们仔细观察这个过程，很多小伙伴拿着盲杖是害怕的，人们在使用辅具时，心里要克服恐惧与困惑，他可能不知道这个东西怎么用、有可能遇到什么样的阻碍。所以，视障人士要在室内先习惯和适应盲杖，在心理上接纳自己的身份，然后才去街头出行、走盲道。他们做这件事时，负责引导的视障导师说："不要害怕走在路上，尽管现在很多盲道被占用了，但这并不阻碍我们出行。走的人多了，就有人关注到，问题就能解

第八讲 / 无障碍与辅具设计

决。"当下视障群体是需要出行的，前期已经克服了很多困难，如果我们给他们辅具、让他们适应，同时外部支持他们顺畅出行，他们也可以跟大家一样，想去哪里就去哪里，他们的适应力是非常强的。我们观察过视障者出行培训第三四天的状态，视障者们来到一个公园，公园有台阶、坡道，但此时，视障者已经可以独自使用盲杖上台阶了。通过这些生活经验，可知视障小伙伴需要的是心理的接纳、辅具的协助。所以，为视障人士做服务的时候，心理上的接纳很重要。这是我们在实地调研中发现的情况，视力障碍者真的很愿意出行，同时也很需要一个无障碍的环境。

关于无障碍和辅具使用情况，我有以下几点发现。一是通过调研发现，现在的社会服务传递越来越顺畅、辅具越来越容易获得、流程越来越清晰，很多地方开始推行线上的辅具申请流程。二是今年暑期在武汉调研时发现有一个板块是儿童辅具适配服务，武汉开设了一个娱乐和学习的场所，例如，江岸区建立了一个辅具站，通过服务站上门集中评估实现线上资源共享，以帮助残障儿童做辅具适配。三是辅具租赁服务越来越多，比如深圳在社区层面开设租赁服务点，武汉也启动了辅具租赁试点工作。四是维修服务也在进一步发展，使用辅具时，除了适配，维修也是很重要的因素。近几年有很多地方在探索辅具的重复利用，湖北省残疾人辅助器具资源中心做的爱心超市项目就把市面上已有的辅具回收起来，组织工程人员进行辅具的重新组装，以便重复利用，通过这种方式，辅具的覆盖面越来越广、规范化越来越强。

这些年我国辅具适配率达到了80%，在2025年要达到85%，这是一个非常正向的发展。同时，还有一些人群的辅具需求没有得到满足，这也是"十四五"规划重点着眼的方向。另一个非常重要的发展是我国的辅助器具服务网络在逐步健全，例如湖北从省到市、县都建立了服务机构，甚至有的地方已经拓展到了街道和社区层面，这意味着我们给残障群体的服务就在身边，服务网络体系走到了"最后一公里"。这几年服务网络越来越深化，基层也有很多事情做，基层非常希望有更多的指导，能够为残障群体提供非常基础的、就在身边的服务。

接下来，我提出几点问题。第一，辅具的全面发展实际上涉及多部门和多层级的服务网络，省、市里相对来说发展比较成熟，到区、县、街道和社区，人员、设施相对来说薄弱一些。在这种情况下，如何让服务更加全面，如何让已有网络更好地联动服务？第二，专业人员的组成对服务来说非常重要，而基层服务网络里的专业人员不足，这一问题如何解决？第三，服务真正要传递给残障群体应该怎么做？

首先，残障预防伴随全周期，从孕期、儿童期、成年、中年到老年，实际上人生每一个阶段都可能需要辅助器具，在这种情况下，更加会发现身边的辅具服务网络是非常重要与急迫的。在现有的服务网络里，残联系统比较全面，但还是需要和医院、康复等部门对接。另外，很多辅具依然是进口的，但是国内一些产品也越来越受到欢迎。现在鼓励辅具产业带动服务，让服务促进产业发展，未来的发展应该多鼓励更多企业参与到产业中。

其次，应当加强区、县、街道、社区辅具机构的建设，定期聘请专业人士来到街道对辅具进行检查、维修。另外，让各个层级的机构都清晰地规划各自的职责，聘请专家对区级、街道级的机构进行评估、指导，省、市级的机构也要做好统筹和引导工作。

再次，要做好人才培养。现在同一个工作人员既要做辅具工作，又要做其他工作，让这些人员留在行业里，是非常难得的。学校需要加强残障领域的人才培养，加强培养残障方向的硕士生和博士生，充实现有的人才队伍。另外，开展对现有工作人员的培训，一是价值观的培训，二是方法和技术方面的培训。以视力障碍者出行训练为例，价值观的培训就是尊重残障群体的需求，例如相信视障小伙伴有能力独立出行，方法的训练就是不要用语言干扰、影响视力障碍者出行，人员培训非常重要。还需要做好工作人员的激励和保障工作，要考虑如何让工作人员的职业有规划、晋升有途径，特别是鼓励这个领域的评估专家参与进辅具工作中。

最后，关于服务协调问题，重点讲一下跨专业的团队，这一点在我今年调研中体会特别深。拿视力障碍来说，在进行辅具适配的评估时就需要多方力量参与，比如需要医生诊断、辅具适配团队挑选辅具、心理咨询师帮助建立心理接纳和认同、社会工作者帮助适应辅具。还有就是供需匹配问题，残障者对于辅具的需求是动态变化的，也有很多个性需求，人们越来越追求高品质生活，我们要思考如何既满足残障者的基础需求，又满足他们的个性化需求。

这是我今天想重点跟大家做的分享。再次感谢大家，感谢黄老师，感谢董主任、吕主席，我的分享就到这里。

董理权（主持人）：

谢谢余教授，她从社会工作者的角度分享了对辅具工作的一些研究，就我们国家如何构建辅具服务体系提出了很好的建议。我想这些对搭建我国基本辅助器具公共服务体系具有很好的借鉴意义。

刘明（观众）：

我本人是视觉障碍者，我也从事视觉障碍教育。听了两位老师的分享，我也有很多感受。一开始人们认为"无障碍"应该是为肢体障碍者修建坡道，只要有坡道就是无障碍，后来才考虑到听障者、视障者也有无障碍的需求。人们往往觉得视障者的无障碍建设就是修建盲道，但事实上盲道修建本身要很多成本，而且要考虑盲道放在哪里，因为别的人也要用这个通道。这个时候就要考虑，怎样修建一些并不特殊但大家都可以用的东西，这是最关键的。在视障教育过程中，我们并不强调一定要修建盲道，事实上即使没有盲道，很多视障者也可以出行。比如谈到无障碍卫生间，我们会发现，坐轮椅的人可以使用无障碍卫生间，确实这是非常重要的，但是它的扶手跟整个背景环境颜色是一样的，我们视力障碍者看不清哪里有东西，对于无障碍卫生间的扶手，经常有人用了之后忘记归位，对于我们视障者来说，这个扶手就不是无障碍，而是非常严重的安全隐患。在设计过程中，也需要考虑通用性。有很多服务人员在做无障碍入户工作时，认为对盲人来说只要设备有声音就可以了，因此为他们安装了发声的微波炉、发声的电饭煲、红外播放装置。如果说无障碍入户就是把全部电器换一遍，那一部分人的经济条件是达不到的，这很不合理。包括很多时候，设计者不太了解视障人，所以设计出的产品会有错误。

黄群（主讲人）：

　　谢谢刘老师的问题。我们在做视障相关的设计时，也发现全盲和弱视是有区别的。所以我们在教学中让学生们做模拟体验，让他们真切地体会看不见和看不清的感受，以找到设计痛点。其实，每个人都有不同程度的视觉障碍，像我们戴眼镜也是一种视觉障碍，无非就是程度比较轻。对于盲人朋友，我们采取的就是感官代偿，看不见，就让他听到、触摸到，这也是常规的方法。

　　但现在就像刘老师所说，不可能为某一类障碍群体定制服务，定制化一定涉及更深度能力的丧失，设计时会优先考虑最痛的痛点。刘老师刚刚的问题和讲解也给设计提供了很多启示和思考，我们会更加关注视障群体的真实需要。我们在设计时会做用户研究，搜集数据，分析筛选，找出设计的点。虽然不可能解决所有人的问题，但我们一直在努力，尽最大的可能更多地关照到相关群体的实际需要，相信未来这种差异化的个性需求会得到很好的改善。谢谢。

问题：

　　智能辅具的研发过程中，如何解决好基础功能的保留与高智能的融合？

黄群（主讲人）：

这是非常好的问题，智能辅具现在呈现出朝气蓬勃的发展态势，科学技术对辅具产生了颠覆性改变，让其功能、构造变得更加清晰，操作更加便利。智能辅具对基础功能的保留依赖于团队合作，现在的辅具设计与研发并不是某一个学科能完成的。设计中要看辅具智能化能够对基础功能支持到哪一步、能提升的效率有多少，这些在做设计时会有所取舍，要考虑核心问题是什么，先解决主体问题，再解决附属问题。这种高智能设备还会涉及成本、生产工序、流程等因素，在这些方面也需要做减法，通过合作、协商，完成辅具的设计。目前很多企业、机构、单位都在探索科技、智能介入辅具，成本很高，由于一些条件上的要求，设计要反复修改，设计师很辛苦，需要不断地协调来自各个领域的矛盾和冲突。设计和技术之间经常会形成冲突，需要不断协调、修正，最终要达成共识，才可能让设计进行下去。希望未来能发挥各个领域的专长，共同把辅具做得更好。

董理权（主持人）：

可能还有很多同志有好多想法要和黄老师、余老师交流，但由于时间有限，今天就不做交流，今后再寻找新的机会交流。再一次感谢黄老师、余老师今天精彩的演讲。

在这里我也报告两个好消息，一个是无障碍立法取得了突破，另一个是明年的联合国大会可能会讨论推进辅具的发展，无障碍辅助器具的发展迎来了春天。第八讲就到这里结束，下面由丁老师主持，谢谢。

丁鹏（主持人）：

感谢董主任，谢谢各位，我是丁鹏，今天是第八讲，有一个大讲堂的结束致辞环节。在两个月前，讲堂刚开始时，我们有幸请到中国残联吕世明副主席给我们致开幕词，同样地，善始善终，在这样一个时间节点，非常有幸请到吕世明主席，再次到达演讲现场。吕主席，有请您为2022年度的大讲堂画上一个句号。

吕世明（嘉宾）：

我非常感谢万洪教授和各位同仁共同创建了这次大讲堂。无障碍系列讲座、论坛、高峰对话、沙龙，这几年风起云涌，比比皆是，话题围绕着"无障碍"，拓展到适老化、城市更新等，讨论角度有信息化、有管理、有社会，但我特别赞赏的还是张万洪教授主办的大讲堂，既是学术引领，又有前瞻格局，把无障碍环境与社会人文、人权保障紧密相接，为无障碍环境建设立法做了既是调研又是听取同时也是鼓与呼的活动。万洪教授领衔，在论坛上讲了许多理论，对无障碍环境建设立法上升到人权高度做出了特殊的贡献。此后，我们相约而至，希望万洪教授以及在座的各位能够继续助力无障碍环境建设立法。万洪教授所领衔的专业机构和他本人在《人民日报》《光明日报》《法治日报》多次围绕无障碍环境建设、残疾人事业、人权保障、残疾人权利的维护等主题发表了许多重要的文章，得到了业界的广泛关注与反响。这一次，他们又促成了无障碍环境建设法大讲堂，恰逢其时，为无障碍环境建设立法起到了推波助澜的作用，引起了广泛的关注。在某一讲中，我们仓促地邀请直播团队加盟，就在这两个多小时，大讲堂意外地达到了97万人次的观看纪录，这足以说明，无障碍环境建设法大讲堂虽然只有八讲，但我认为它在无障碍环境建设的历史上留下了浓重的、非常有历史意义的一笔，为助力无障碍环境立法奠定了非常好的基础，这也是一个非常美好的记忆，我相信，像无障碍环境建设法大讲堂这样的尝试未来可能会层出不穷。本人在总结提炼这块还有不足，短时间无法用特殊的语言对无障碍环境建设法大讲堂做一个高端的描述，但是我想用两个字可以概括，那就是大讲堂连续八讲讲得非常"实",而且非常有"用",务实好用。我想无论是参与者、组织者,还是分享者,都很有体会。

借此机会,我还要对第八讲再次点赞。无障碍往往是跨界、多学科、多领域的,但是无障碍和辅具设计搭配在一起,应当说天然就应该是这样的。但我们在推进的过程中,限于彼此的联系或者学科界限,或者行政机构的约束,二者就不搭界了,无障碍就讲无障碍,辅具就讲辅具,有的时候两条线相并,有的时候两条线分开,分得比较明晰、比较规矩、比较牵强。这次万洪教授邀请我一起听讲座,我特别兴奋。我觉得无障碍和辅具设计就是一对孪生兄妹,是天然的左右手和两条腿。我本人既是无障碍环境的受益者,更是辅具的依赖者,这不是现在才悟到的,是做残疾人事业工作的日常感受就是如此。假如说阳光灿烂,但是没有辅具支撑匹配,视障朋友不方便,听障朋友不方便,依赖轮椅的朋友也不方便,美好的画面是看不到、听不到、摸不到的。如果无障碍环境搭配不好,这个过程就太难了。未来,希望无障碍和辅具这两个看起来类似的专业能够自然有机地以融合的状态、包容的心态并到一起,达到共建、共享、共用。

我非常感谢董理权主任推进无障碍工作,他使我们深刻地认识到无障碍环境和辅具设计两个专业的并联度、关联度、密切度。刚刚听了黄教授和余教授的主旨演讲，无障碍和美好生活息息相关，相当贴切。无障碍与辅具相并相连，生活的美好就是以人民为中心，人民至上是根本立场。我们跳出来看，每个人不管是在哪种程度、哪个阶段要和辅具相伴，临时性的也好，长期性的也好，都要和无障碍环境相融。无障碍也好，辅具也好，都是庞大的社会课题。我对黄教授、余教授的演讲表示敬佩，刚才主持人对他们的演讲内容做了精准高端的概括，我觉得我再多说就显得苍白。

下面，我提炼一下关键词，呼应无障碍环境建设法大讲堂最后一讲。以党的二十大为指引，以习近平总书记对无障碍环境建设的指示为指导，上升到无障碍环境立法、人权保障，无障碍、辅具这种基础性的产业、事业，会成为共同富裕、中国式现代化不可或缺的一个朝阳产业。在这方面，我感觉我们大有可为，当然，也是困难重重、障碍多多。

辅具的现状有几个字可以概括。"低"，就是比较低端，用起来总觉得不顺手、不满足，价格较低、质量较低，即便价格高了，有时候质量也不见得高。不仅是辅具，无障碍环境更是处于瓶颈期，这十年成绩多多、无比辉煌，这是不争的事实，但和人民美好生活的愿景之间差距还很大。无论是无障碍还是辅具，往往没有给经济带来发展和提升，反而由于有障碍、产品质量不高、产品使用度不广而制约了经济发展，甚至造成了资源浪费。如果无障碍和辅具事业能够改头换面，达到高质量、高品质、高效能，那么它不仅能凸显人文价值，更能展现社会效益和经济效益。无障碍也好、辅具也好，它是通用的、包容的、可及的、可达的，能够给人们带来更美好的生活，所以广泛性、普及性、应用度是我们下一步关注的重点。

刚才主持人带来好消息，除了《无障碍环境建设法》有望颁布，同时，联合国也提到了无障碍环境，并可能即将出台关于辅具的决议，这对世界、对中国，都会带来非凡的影响。围绕无障碍话题，我们讲得多多，从辅具的角度讲，大家感同身受。在某种意义上，辅具是无障碍环境的聚焦点和延伸点，甚至其中让人看得见、摸得着的就是辅具，像我们坐轮椅的人，除了八九个小时在床上，其他十几个小时都要依赖轮椅。辅具的范畴是非常大的，也包括老年人适用的辅具。因此，我们要有精细化、高品质、高质量的产品，把它的广泛度、应用度和知晓度做好。广泛度要靠大家去推、去用，知晓度需要采取特殊形式去宣传。同时，我们还要借助科技的力量，赋能产品科技的翅膀，要做高科技领域的课题研究。我原来觉得"高大上"的东西离我们很远，不接地气，现在觉得，不把辅具拿到国家层面、不让大家了解辅具、辅具纳入不到国家专项，那么辅具就永远是低端的。辅具是需要科技延伸、补充、完善的。我经常在人大常委会平台上呼吁，哪怕给我们百分之几的投入，这对于辅具产业的促进都是大不一样的。现在既要有"高大上"的研发，也要有落地的成果应用转化。具体就是一句话，"人人离不开"。辅具不是残疾人的专利，不是老年人的标配，实际上是每个人都离不开辅具。

最后，"软"和"硬"相结合。软科学要有，像黄教授、余教授那样，既有理论，也有实操，大量案例让人耳目一新，让人认识到，非残障者也能用辅具，这就是普及化。从硬件来看，辅具不仅是有没有的问题，还要解决好不好、优不优、精不精、美不美的问题。我非常希望民间能研发辅具，老百姓中有很多高手，视障、肢障人士，都有自己的研发产品，虽然达不到科技研发的标准，但很好用。我期盼有朝一日，我们能够突破一些瓶颈。建筑界设置了很多奖项，而无障碍到现在为止没有一个奖项，这个工作我们下一步会推进，如果有大赛、大奖，大家可能会给予更多的关注。现在是叫得响、喊得多，但真正呈现得少。

时间原因，不再多说，以上是我的一番感悟，今天场合非常好，有一些说法不一定得当，但作为无障碍环境建设法大讲堂的受众、亲历者，也是一个拥抱者、喝彩者，我愿意把自己的心声和各位专家、同仁一起分享。不当之处，敬请指导。明年我们会迎来更好的春天，谢谢大家！

丁鹏（主持人）：

非常感谢吕主席，既有非常惊艳的总结也有非常重要的嘱托，对我们有很多启发，对参与者也有很多鼓舞。最后，我代表主办方武汉大学人权研究院、残疾人事业发展研究会权益保障专业委员会，再次向所有的参会者、主讲者、与谈人、主持人，所有的手语翻译、志愿者，所有关心和支持无障碍事业、残疾人事业的同志们，表示感谢！2022 年就要过去了，2023 年会开启新一轮无障碍环境建设工作，方才吕主席说，这样一个大讲堂起到了推波助澜的作用，希望在 2023 年《无障碍环境建设法》出台之后，与各位同仁一起合作，在新的年份里，从推波助澜到春风化雨。再次感谢大家，今天的讲座到此结束，再见！

未尽的敬意

　　2023 年 6 月 28 日《无障碍环境建设法》审议通过，意义重大。它是保障残疾人、老年人等特定群体平等、充分、便捷参与和融入社会生活，促进社会全体人员共享经济社会发展成果的重要法律依据，是我国在无障碍环境建设领域的第一部基础性、综合性的法律。2022 年 10 月 27 日，《无障碍环境建设法（草案）》一审稿提请十三届全国人大常委会第三十七次会议初次审议。在草案审议期间，武汉大学人权研究院在院长张万洪教授的策划和带领下，举办了为期两个月的"无障碍环境建设法大讲堂"。大讲堂恰逢其时，邀请无障碍领域的国内知名专家、学者，围绕不同话题展开深入讨论，极大促进了学术界对该问题的理论深化，提升了社会层面对《无障碍环境建设法》的关注度。本书便是"无障碍环境建设法大讲堂"的实录。

"无障碍环境建设法大讲堂"提供了前沿、专业的多场知识盛宴。每场讲座的主讲人和与谈人都是在本领域具有深厚造诣的专家学者，他们就自己的研究分享真知灼见，对相关话题进行具有理论深度的专业解读。八场讲座的主题涉及我国无障碍法治建设的发展历程、无障碍理念与视野、听障群体的语言服务、平等参与原则下的无障碍与合理便利、老年友好社区的无障碍设计、融合教育背景下的无障碍校园环境、无障碍环境建设的立法理念变迁、辅具设计在改善残障人士生活中的重要作用。可以说，大讲堂从多个维度呈现了无障碍环境建设的面向及理论与实践层面的挑战。

"无障碍环境建设法大讲堂"搭建了一个多元交流的平台。参会人员中除了研究者以外，还有残障人士、学生、政府工作人员、社会组织工作人员等，不同的人有自己的视角，自己的体验与经验。大家通过讲座发表言论、交换意见，加深了不同社会角色彼此在无障碍环境建设议题上的相互了解和沟通。

"无障碍环境建设法大讲堂"举办的整个过程，也是一个自始至终贯彻无障碍理念的实践。大讲堂的每场讲座，都邀请了专业的手语翻译老师和速记员，在线上直播的同时向有需要的人提供手语翻译和实时字幕。为了提高信息无障碍的水平，手语翻译者的线上显示框大小对标国际标准。正因为主办方如此专业、用心、精益求精，大讲堂取得了非常高的播放量。还记得第二讲结束时，导师张万洪教授非常高兴地对大家说，大讲堂的观看数据达到了 80 万人次，这应该是既出乎意料又在意料之中啊！

为了全面记录"无障碍环境建设法大讲堂"这八场讲座的盛况，导师决定以文字的方式"原汁原味"还原现场。作为整理人，我得到了吴茹梦师妹的全力协助，我们顺利地将每场讲座的内容从录音稿和实时字幕中提取、校对和整理成文。她的细致与耐心，让整理工作更加高效和顺利。

按照原计划，张老师会亲自为本书撰写序言，然而非常遗憾的是，他因病于 2024 年 6 月逝世，这迫使我们不得不重新进行考虑。为了使读者能更好地理解编著此书的目的、本书所涵盖的内容以及内容背后所包含的权利意蕴，我们特意选取了导师 2021 年 11 月 12 日发表于《人民法院报》的一篇文章，作为代序。该文通过梳理无障碍环境建设的相关法律法规与政策，重点阐释无障碍环境的保障原则以及司法在推进无障碍环境保障上的可能作为。这篇文章比《无障碍环境建设法》出台稍早，是张老师持续关注无障碍环境建设主题，倾注心力研究残障者权利保障的一个缩影。一方面我们希望其有助于读者更深刻地理解无障碍环境建设的价值；另一方面，也寄托了我们对张老师以残障者权益保障为志业，兢兢业业矢志不渝的感念和哀思。

本书的面世需要感谢很多人。首先，要感谢各位主讲人、与谈人、主持人、提问者。本书主体内容由这些角色所创造，若是没有他们的长期耕耘与台前的精彩呈现，便没有大讲堂和这本书。对大讲堂文字的整理从《无障碍环境建设法》颁布之前跨越到颁布之后，每读一次，都有新收获，都有此前未曾注意过的"知识点"，可见其内容之丰富、前沿、深厚。其次，感谢支持无障碍环境建设的所有人。正是由于大家的关注、关心，编者团队才有了让这本书面世的动力。大讲堂的志愿者在幕后做了很多工作，正是他们无私的支持和辛勤的劳动使得大讲堂圆满落幕。感谢华中科技大学出版社法律分社对图书出版的大力支持。张老师和华中科技大学出版社法律分社的编辑反复沟通，最终确定了书名《筑桥者：无障碍环境建设法大讲堂》。筑桥者是指那些在推动和构建无障碍环境中发挥重要作用的人或组织，而书中记录的这些参与者便是筑桥者。希望本书能提高全社会对无障碍环境建设的重视，激发更多人参与到这一工作中。

最后，本书的出版是对我的导师的恒久纪念。"无障碍环境建设法大讲堂"由张老师一手操办，除了台前主持，张老师在幕后做了很多琐碎细小的工作。例如，每一场讲座的海报背景图都由他精心挑选，既讲究美观更强调要具有文化内涵。在大讲堂的会务群中，张老师精益求精，细致校对每一个通知、每一张海报上的文字、每一位讲者的个人信息。关于后续报道、录制视频、调整专家照片、调整手语翻译的显示窗口，事无巨细，张老师都亲自参与。实际上，张老师多年来一直关注残疾人权益保障事业发展、关注无障碍环境建设，绝非从大讲堂才开始的。他在武汉大学法学院为本科生开设"残障法"课程，这是具有首创意义的课程，也是最受学生欢迎的课程之一。在这门课上，张老师践行多学科交叉融合的理念，多次邀请残障研究领域的专家学者给本科生授课。坚持理论联系实际，多次联系武汉市内的康复机构和心智障碍者组织，为本科生提供参观、访谈机会，近距离了解无障碍环境实践效果。尽管张老师因病离开了我们，但他以一己之力构建起来的那个温暖强大的能量场非但没有散去，而且愈发强大。在我们遇到困惑的时候，他的谆谆教诲就会在耳边响起；他播撒的那些善的种子，早已并继续在我们的心灵中发芽成长；他所关心、关注的事业，也必定经由无数受他影响的人以各自的方式而恒久地发展下去。

赵金曦

2024 年 8 月于武汉大学